일러두기

1. 이 책에 등장하는 인명, 기관명, 상표명, 신조어 등의 외래어는 국립국어원의 표기법을 따르되 일부 신조어는 입말에 따라 예외로 표기했습니다.

2. 이 책의 자료는 책을 집필한 2023년 8~10월을 기준으로 참고했습니다. 자료의 출처는 부록에 명시했습니다.

3. 세대별 구분에 관한 명확한 기준은 없으나 1980년대 초반~1990년대 중반 출생한 세대를 밀레니얼세대, 1990년대 중반~2000년대 후반 출생한 세대를 Z세대로 분류했습니다. 이 책에서는 1996~2008년 출생한 Z세대에 집중했습니다.

콘텐츠 트렌드

2024

트렌드이브닝,
개인적 지향성이
경쟁력이 되는 시대

대학내일20대연구소 지음

위즈덤하우스

격변의 시대,
우리에게 필요한 역량

'잘파세대'의 급부상

Z세대와 알파세대를 합친 잘파세대라는 용어가 등장했다. 기존의 기성세대와 구분되는 밀레니얼세대 이후의 세대를 'MZ세대'라고 통칭했듯이, 이제 기성세대가 된 밀레니얼세대와 구분되는 Z세대 이후의 세대를 잘파세대라고 통칭한 것이다. MZ세대라는 용어를 쓰기 시작한 지 불과 5년 만의 일이다.

우리는 지난 5년간 인류 역사에 획을 긋는 사건을 여럿 경험했다. 장기간의 펜데믹을 겪은 후 엔데믹으로 전환하며 연이은 급변기를 맞이했다. 또 '챗GPT'를 위시한 인공지능이 대중의 일상 깊숙이 자리 잡았다. '10년이면 강산도 변한다'라는 속담이 있는데, 5년 만에 강산이 두세 번 바뀐 것과 같은 효과였다. 이렇게 짧은 시간에 미래의 변동성과 불확실성이 증폭되다 보니 미래세대에 대한 관심이 뜨거워졌고 알파세대 논의가 부쩍 앞당겨졌다.

이런 관심과 논의는 미래세대의 특성에만 머물러서는 안 된다. 결국 미래에 필요한 역량이 무엇인지로 이어져야 한다. 그것은 미래세대에게 필요한 역량일 수도 있고, 미래세대를 키우고 이끌어야 할 우리 사회에 필요한 역량일 수도 있다.

개인적 지향성의 힘

대학내일20대연구소는 《Z세대 트렌드 2023》에서 '하이퍼 퍼스낼리티Hyper-personality'라는 키워드를 통해 선명하고 입체적인 자아를 만들어가는 Z세대의 특성에 주목했다.

이번 《Z세대 트렌드 2024》에서는 Z세대가 가진 역량을 '트라이브십Tribeship'으로 정리했다. 트라이브십은 자신의 지향성을 중심으로 수십 개의 작은 '트라이브tribe', 즉 부족을 형성하고 관계를 맺는 것, 자신과 주변을 연결해 혈연, 학연, 지연을 뛰어넘는 새로운 공동체를 만드는 것을 뜻한다. 이때 지향성은 개인이 만들고 가꾸는 정체성의 집합으로 취향과 관심사를 넘어 성향, 가치관, 라이프스타일을 모두 포괄한다.

트라이브의 개념은 이 책에서 처음 등장한 것이 아니다. 1988년 프랑스 사회학자 미셸 마페졸리Michel Maffesoli가 그의 저서 《부족의 시대》에서 유사한 개념을 제시한 바 있다. 씨족, 혈족 중심의 고대 부족이 아니라 문화, 스포츠, 종교 등 다양한 관심사에 따라 사람들이 소집단들로 뭉치며 부족화하고 있다고 설파했다. 무려 35년 전에 등장한 내용이다. 그러나 진짜 부족의 시대는 선명하고 입체적인 자아를 가진 Z세대, 적극적으로 자신을 표현하고 주변에 영향력을 미칠 줄 아는 Z세대를 만나 비로소 무르익고 있다.

20대를 연구하는 기쁨과 슬픔

1년 전쯤 한 독자분께서 나에게 20대를 연구하며 느끼는 슬픔과 기쁨이 무엇인지 물은 적이 있다. 그에 대한 답은 나이가 들수록 미래세대와 멀어지고 있음을 시시각각 체감하는 데서 오는 두려움, 그럼에도 남들보다 조금 더 열심히, 더 가까이 다가가고 있다는 데서 오는 안도감이 아닐까 한다.

　세대 변화는 점진적으로 나타난다. 이전 세대로부터 전이된 특성들이 조금씩 진화, 발전하다가 어떤 사회적 사건들을 계기로 증폭한다. 기술의 발전과 유사하다. 하늘 아래 새로운 신기술이 어느 날 갑자기 등장하는 것이 아니라 그간 꾸준히 이어진 기술의 발전이 축적돼 어떤 시점에 상용화된 신기술로 큰 걸음을 내딛는 것처럼, 밀레니얼세대에서 Z세대로 Z세대에서 알파세대로 유사성과 차이점을 고루 보이며 서서히 변화하다가 코로나19와 챗GPT 등장 같은 사건들을 만나 확실한 변화의 물꼬를 트고 불을 지핀다.

지금부터 세대 변화의 양상을 꾸준히 따라간다면 큰 변화의 물꼬가 터졌을 때 당황하지 않고 자연스럽게 신인류와 동행할 수 있을 것이다. 이 책이 당신에게 미래에 다가가고 있다는 안도감을 선사할 수 있기를 바란다.

대학내일20대연구소 소장 호영성

Contents

ISSUE 3. 챗 커뮤니티:
더 뾰족하게, 더 긴밀하게 소통하다

ISSUE 4. Raw 콘텐츠:
길이를 넘어 날것의 묘미를 즐기다

PART 3. 잘파세대가 살아갈 세상

INSIGHT 1. 앞으로의 Z세대 그리고 알파:
잘파세대를 바라보는 새로운 시각

INSIGHT 2. 여기서만 볼 수 있는 Z세대 캠퍼스 모습:
엔데믹 이후 일상과 변화가 공존하는 Z세대 캠퍼스

PART 1.

2024 Z세대
대표 트렌드

MAIN TREND.

트라이브십

초개인화 시대, 커뮤니티를 만들고 연결하는 힘

초개인화 시대다. 개인의 취향이나 관심,
라이프스타일은 점점 더 세분되고 있다.
나와 공감대나 성향이 비슷한 사람을 찾는 것은
바늘구멍에 낙타를 통과시키는 것보다
어려운 일처럼 느껴진다. 그러나 오히려 지금 우리는
그 어느 때보다 다양한 커뮤니티에 연결돼 있다.
다채로운 커뮤니티와 교류하며, 정서적 공감대를
기반으로 한 트라이브를 형성해 영향력을 확산하는
Z세대를 살펴봤다.

CHAPTER 1.

초개인화 시대의
관계 맺기

월요일 점심, 학교나 직장에서 지난밤에 본 콘텐츠를 주제로 사람들과 이야기를 나눈다고 생각해보자. 어떤 콘텐츠 이야기를 꺼낼지 바로 떠오르는가? 모두가 알 만한 콘텐츠를 떠올리기가 생각보다 쉽지 않을 것이다.

10여 년 전만 해도 MBC의 〈무한도전〉이나 KBS의 〈개그콘서트〉 이야기를 꺼내면 어느 정도 공감대를 형성할 수 있었다. 토요일에 저녁을 먹으면서 〈무한도전〉을 보고 일요일 밤에 〈개그콘서트〉의 엔딩 곡을 들으며 한 주를 마무리하는 것을 '국룰'처럼 여겼기 때문이다.

하지만 지금은 많은 사람이 같은 시간대에 같은 프로그램을 시청하는 모습을 보기 드물다. 방영 시간에 맞춰 텔레비전을 보는 대신 자기가 원하는 시간에 OTT 플랫폼에서 콘텐츠를 골라 시청한다. 〈더 글로리〉 같은 화제의 콘텐츠에 관해 이야기하려고 해도 상대방이 내가 본 부분까지 봤는지 알기 어렵다. 또 유튜브에는 하루 평균 1억 개[1] 영상이 업로드되고, 보통 알고리즘에 따라 각자 다른 영상을 소비하기 때문에 유튜브 인기 급상승 동영상에 소개된 콘텐츠라고 해도 공감대를 형성하기가 쉽지 않다.

콘텐츠뿐만 아니라 패션 트렌드도 세분화됐다. 2022년부터 이어진 'Y2K' 패션 같은 대세 스타일과 동시에 마이크로한 취향에 집중한 다양한 스타일이 눈에 띈다. 바로 '코어룩 Core look' 트렌드다.

2023년 '고프코어룩 Gorpcore look *', '블록코어룩 Blokecore look **', '발레코어룩 Balletcore look ***' 등 다양한 코어룩이 동시에 트렌드로 떠올랐다. 요즘은 자신이 추구하는 스타일이나 상황과 장소에 따라서 콘셉추얼한 룩을 연출한다. 자연스러우면서도 '힙'한 이미지를 추구하면 고프코어룩, 활동적이고 스포티한 느낌을 내고 싶다면 블록코어룩, 페미닌한 인상을 주고 싶다면 발레코어룩을 선택하는 식이다.

이뿐만 아니라 Y2K 패션에 사이버펑크 무드를 더한 '사이버코어룩 Cybercore look', 바비 인형이 입을 법한 과감한 분홍색을 중심으로 한 '바비코어룩 Barbiecore look'까지 다양한 콘셉트와 분위기를 연출할 수 있는 코어룩이 끊임없이 등장했다. 심지어 핀터레스트****에 '민혁 코어', '지원 코어'처럼 자기 이름과 코어를 함께 검색해 자

---

* 견과류·말린 과일을 뜻하는 '고프gorp'와 코어의 합성어로 등산이나 낚시 등 아웃도어 활동 시에 입는 옷을 일상복에 매치한 스타일
** 영국에서 사내를 뜻하는 '녀석'이라는 속어의 '블록bloke'과 코어의 합성어로 축구, 농구, 하키 등 스포츠 유니폼을 일상복처럼 입거나 일상복과 매치한 스타일
*** 발레와 코어의 합성어로 발레복을 일상복에 접목시킨 패션 스타일
**** 사진을 보드에 핀으로 꽂아 모으듯, 웹과 앱에서 이미지를 스크랩하고 다른 이용자와 공유하는 SNS

신과 어울리는 이미지를 찾아 코디에 참고하는 것이 Z세대 사이에 유행으로 퍼지기도 했다. 취향의 세분화에 따라 한 갈래의 큰 트렌드가 아닌 여러 갈래의 작은 트렌드가 소비되는 모습이 두드러진다.

하이퍼 퍼스낼리티를 가진 Z세대의 커뮤니티는?

수백 수천 개의 갈래로 세분된 취향과 라이프스타일이 조합된 개인의 정체성은 다채롭고 입체적이며 유일무이하다. 앞서 이야기했듯이 대학내일20대연구소는 《Z세대 트렌드 2023》에서 오늘날 Z세대가 만들어가는 아이덴티티를 하이퍼 퍼스낼리티라고 정의했다.

하이퍼 퍼스낼리티란 개인의 존재감과 캐릭터가 중요한 초개인화 시대에 직업, 소비, 콘텐츠 향유 방식 등 라이프스타일 전반에서 '선명하고 입체적인 나'를 만들어가는 Z세대의 모습을 조망한 키워드다. Z세대는 외모, 취향, 취미, 직업 등 자신을 설명할 수 있는 다양한 요소를 포트폴리오를 채우듯 모은다. 이를 바탕으로 그때그때 구성이나 조합을 달리해 자신만의 캐릭터를 능숙하게 구축하고 더 선명하고 입체적인 자신을 만들어간다.

뚜렷한 정체성을 추구하는 Z세대는 현재 어떻게 관계를 맺고 있을까? 집단보다 개인을 중요하게 여기고 있으니 유대감을 갖고 서로 연결되는 커뮤니티가 줄어들었을 것이라고 언뜻 생각할지도 모른다. 또 취향이나 라이프스타일이 세분된 만큼 나와 코드가 맞는 사람을 만나는 것이 모래사장에서 바늘 찾기처럼 어렵게 느껴지기도 한다.

　하지만 Z세대는 다르다. 오히려 그 어느 때보다 다채로운 커뮤니티와 연결돼 교류하고 있다. 하이퍼 퍼스낼리티를 가진 Z세대가 만드는 커뮤니티의 모습을 살펴보자.

CHAPTER 2

지향성과 공감을 기반으로 한 트라이브의 탄생

과거에는 상대방의 캐릭터를 파악하기가 지금보다 쉬운 편이었다. 취향이나 라이프스타일 같은 개인적 지향성이 지금처럼 세분되지 않아 아이덴티티를 구성하는 요소가 단순했고, 지역, 학교, 직업 같은 사회적인 소속이 정체성의 큰 축이었기 때문이다. 이때는 소속만으로도 상대의 캐릭터를 어느 정도 가늠할 수 있었다. 또 지역이나 학교, 직업이 같으면 전반적인 라이프스타일도 비슷해 쉽게 유대감을 느낄 수 있었다.

지금은 상황이 다르다. 사회적 소속은 개인의 정체성을 이루는 수백 가지 요소 중 단 하나일 뿐이다. 사회적 소속 역시 여러 갈래로 세분됐다. 마케팅을 전공하는 대학생이자 '핫플레이스'를 소개하는 SNS를 운영하는 인플루언서면서 사이드 프로젝트로 앱 개발을 하는 개발자, 이렇게 개인은 하나로 정의할 수 없는 입체적이고 다면적인 아이덴티티를 가지게 됐다.

Z세대의 주요 소통 수단이 된 인스타그램

최근 한 달 내 이용한 메신저 TOP5

[Base: 전국 만 15~53세 남녀 중 최근 한 달 내 미디어 콘텐츠 이용 경험자, n=1200, 복수응답, 단위: %]

구분	전체	세대별			
		Z세대	후기 밀레니얼세대	전기 밀레니얼세대	X세대
(Base)	(1200)	(311)	(225)	(251)	(413)
카카오톡	82.7	82.6	80.4	83.7	83.3
인스타그램 다이렉트 메시지	24.5	48.6	23.1	16.7	11.9
페이스북 메신저	8.6	7.7	11.6	5.2	9.7
디스코드	7.5	17.7	8.0	2.4	2.7
텔레그램	6.4	2.9	8.4	6.4	8.0

이렇다 보니 Z세대는 누군가와의 첫 만남에서 자신의 다면적인 캐릭터를 잘 모아서 보여주는 것을 중요하게 여긴다. 취향, 관심사, 가치관 등 개인적 지향성을 포트폴리오처럼 모아 볼 수 있는 인스타그램이 Z세대가 관계를 맺는 데 중요한 도구가 된 것도 이런 이유다. Z세대는 첫 만남에서 서로 전화번호를 교환하는 대신 인스타그램 아이디를 공유한다. 전화번호를 사적인 정보로 인식해서이기도 하지만, 그보다 인스타그램을 캐릭터를 보여주는 명함으로 여기는 까닭이 크다.

인스타그램을 공유하면 구구절절 자신의 성격이나 관심사를 늘어놓을 필요가 없다. 정성스럽게 꾸민 인스타그램 피드를 한눈에 훑으며 계정주가 어떤 관심사를 가졌는지, 어떤 사람으로 보이고 싶은지를 빠르게 파악한다. 또 인스타그램 스토리로 시시각각 공유하는 일상을 보며 상대방이 어떤 음식을 좋아하고 어떤 취향을 가졌는지 실시간으로 확인하고, 관심사나 라이프스타일 등에서 나와 비슷하거나 공감 가는 모습을 보면 DM으로 소통하며 빠르게 유대감을 쌓는다.

실제 대학내일20대연구소의 조사에서 Z세대는 최근 한 달 내 이용한 메신저로 카카오톡(82.6%) 다음으로 인스타그램 DM(48.6%)을 꼽았다. 이처럼 인스타그램은 Z세대의 주요 소통 수단으로 자리 잡았다.

▼

아이덴티티만큼 세분화된 나노 커뮤니티

여기서 주목할 것은 두 가지다. 첫 번째는 자신이 주도적으로 만들어가는 정체성이 관계의 핵심이라는 점이다. Z세대는 살면서 자연스럽게 주어지는 사회적 소속보다 성향, 취향, 관심사 등 스스로 발굴하고 만들어가는 개인적 지향성을 중심으로 캐릭터를 표현하고 관계를 맺는다. 단순히 또래이거나 같은 학교나 직장을 다니는 것만으로는 유대감이 형성되지 않는다. 한 단계 더 나아가 스스로 아이덴티티의 핵심 요소라고 여기는 개인적 지향성이 통해야 정서적인 유대감이 생긴다.

두 번째는 공감할 수 있는 아주 작은 한 부분만 있어도 상대와 연결된다는 점이다. 각자 다면적이고 입체적인 개성과 자아를 가지

원조♥ 초고도비만 다이어트 (BMI
35 이상)
#다이어트 #비만 #고도비만 #챌린지 #초고도…
♥ 98명 | 방금 대화

다이어트 📊 물단식 간헐적단식 식단
운동 합시다 ✨
#다이어트 #다이어트식단 #간헐적단식 #물단식 #…
♥ 683명 | 방금 대화

♥ 996

♥ 174

🟢🏃‍♀️ 오운완 다이어트빙[오늘의
운동 완료인증]🏃‍♀️
#운동인증 #식단인증 #다이어트 #여름준비 #…
🟢 147명 | 30분 전

오늘부터 키토라이프(lchf,
저탄고지) 초보방
#다이어트 #키토 #방탄커피 #키토제닉 #lchf #저…
🟢 134명 | 방금 대화

♥ 161

♥ 785

🟢😅💪 멸치 탈출 채팅방🔥💪
(운동방)
#멸치탈출 #헬스 #운동 #벌크업 #살크업 #살…
🟢 196명 | 30분 전

근성장 유지어터 단식 운동방
🟢 6명

♥ 1

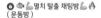
♥ 517

좁고 뾰족한 취향과 목적을 위해 소통하는 카카오톡 오픈채팅_카카오톡

게 된 요즘, 취향이나 관심사의 모든 면이 완벽하게 같은 사람을 찾
는 것은 불가능하다. Z세대는 취향 도플갱어를 찾지 않는다. 내 수
많은 취향과 관심사 중 어느 한 부분과 뾰족하게 맞닿은 사람, 커뮤
니티를 찾아 그때그때 연결된다. 그래서 하이퍼 퍼스낼리티를 가
진 Z세대가 속한 커뮤니티는 이들의 취향이나 관심사만큼이나 마
이크로하게 나뉘어 있다.

한번 각자 스마트폰의 카카오톡 오픈채팅 탭에 들어가보자. 독
서 모임, 운동 모임, 공예 모임 등 취미 기반의 모임, 좋아하는 연예
인이나 캐릭터, 애니메이션, 브랜드 등 취향 기반의 모임, 재테크,
여행, 육아, 공부, 자격증 등 관심 분야의 정보를 얻기 위한 모임까
지 다양한 오픈채팅방이 운영되고 있다.

거기에서 다이어트나 독서 같은 키워드를 하나 골라 검색해보
자. 오픈채팅방 목록을 살펴보면 한 가지 특징이 보인다. 매우 뾰족
하고 구체적인 관심사와 목적을 주제로 한 채팅방들이 형성돼 있

최근 한 달 내 카카오톡 오픈채팅 가입 경로

[Base: 전국 만 15~53세 남녀 중 최근 한 달 내 카카오톡 오픈채팅 이용자, n=1200, 복수응답, 단위: %]

구분	세대별			
	Z세대	후기 밀레니얼세대	전기 밀레니얼세대	X세대
(Base)	(120)	(63)	(76)	(138)
관심 키워드를 직접 검색	38.3	54.0	34.2	39.9
오픈채팅방을 직접 만듦	24.2	12.7	19.7	13.0
오픈채팅 인기 순위에서 발견	23.3	14.3	22.4	17.4
오프라인 모임의 오픈채팅방	20.0	27.0	27.6	23.2
다른 온라인 커뮤니티의 오픈채팅방 (예: ○○카페 오카방)	17.5	23.8	14.5	19.6
오픈채팅 홈에서 추천받음	14.2	14.3	19.7	21.0

다는 점이다. 다이어트를 주제로 한다고 해서 단순히 다이어트 후기 인증이나 정보를 공유하는 방만 있는 것이 아니다. BMI가 35 이상인 사람들이 모인 방, 간헐적 단식이나 저탄고지, 키토식 등 특정 식이요법을 하는 사람들이 모여 식단을 인증하는 방, 적정한 체중 유지를 목적으로 하는 '유지어터'가 모인 채팅방, 마른 체형이 고민인 사람들이 벌크 업(근성장)과 '살크 업(체중 증량)'을 목적으로 운동하는 방 등 목적과 방식이 매우 세분돼 있다.

이렇게 좁고 뾰족한 관심사로 모이는 나노 커뮤니티에서는 유대감을 쌓기 쉽다. 체중 유지를 목적으로 하는 사람이 다이어트 전반을 다루는 커뮤니티에 들어가면 다양한 목적으로 다이어트를 하는 사람들 속에서 같은 목적을 가진 유지어터를 한 번 더 찾아야 한다.

하지만 처음부터 유지어터, 벌크 업같이 구체적인 관심사를 추구하기 위해 모인 커뮤니티를 찾아가면 자연스럽게 공감대를 형성하고 그에 녹아들 수 있다.

Z세대는 자신의 지향성과 밀접하게 맞닿아 있는 커뮤니티를 적극적으로 찾는다. 대학내일20대연구소가 최근 한 달 내 카카오톡 오픈채팅을 이용한 경험이 있는 Z세대를 대상으로 조사한 결과, 가입 경로 1위는 '오픈채팅 관심 키워드 직접 검색(38.3%)'으로 나타났다. '기존 오프라인 모임에서 이어진 오픈채팅'의 비율은 20.0%로 키워드 직접 검색의 비율보다 낮았다.

Z세대의 응답 중 주목해야 할 부분이 또 있다. 바로 '자신이 직접 오픈채팅을 만든다'의 비율이 24.2%에 달한다는 점이다. 밀레니얼 세대(16.5%)나 X세대(13.0%)와 비교했을 때 높은 수치다. 이렇듯 Z세대는 자신의 관심사나 목적에 딱 맞는 커뮤니티가 존재하지 않는다면 스스로 만들 정도로 커뮤니티를 찾는 데 적극적이다.

Z세대는 뾰족하고 명확한 취향과 관심사를 기반으로 한 커뮤니티에 모여 소통한다. 자신의 지향성과 맞닿은 커뮤니티가 없다면 자신의 지향에 맞는 커뮤니티를 만들어 사람들을 모은다. 그렇다 보니 Z세대는 자신의 관심사만큼이나 다채롭고 많은 커뮤니티에 연결돼 있다.

단일 DNA로 연결된 트라이브

Z세대가 수많은 커뮤니티에 걸쳐 있는 이유는 이들이 관계를 맺는 방식과도 연관이 있다. 지난 《밀레니얼-Z세대 트렌드 2022》에서 Z세대의 특성으로 '무소속 공동체'를 이야기한 바 있다. 이전 세대의 관계가 끈끈한 연대와 결속력이라는 특징을 갖고 있다면, Z세대는 느슨한 연대를 추구한다. 이 느슨함에는 정도나 경계가 없다. 온라인에서 나이나 직업 등을 밝히지 않고 익명으로 만나더라도 관심사, 취향, 가치관 등 어느 한 부분이 통한다면 쉽게 유대감을 형성하고 빠르게 연결된다. 성별이나 나이 등의 조건이 맞는지는 그다음의 문제다. 이런 조건을 아예 확인하지 않는 경우도 흔하다.

모이는 온라인 공간이 따로 없는 경우도 있다. 오픈채팅과 같은 채팅방이 아니라 콘텐츠에 댓글을 달거나 실시간 라이브 방송에 참여하는 것으로 유대감을 느낀다. SNS에서 같은 해시태그를 거는 것만으로도 소속감을 느낀다. 집단에 소속하기 위한 과정이나 절차 없이도 공동체를 만드는 것이다. 코드만 통하면 언제든 쉽게 연결되고 쉽게 흩어지며 다양한 커뮤니티를 만든다.

하이퍼 퍼스낼리티를 가진 개인이 만드는 공동체는 마치 하나의 작은 부족을 연상하게 한다. Z세대의 공동체는 아이덴티티를 구성하는 핵심 요소인 개인적 지향성을 기반으로 연대하며, 그 취향과 관심사는 매우 잘게 쪼개지고 세분돼 있다. 다양한 유형의 사람들이 모인 큰 '소사이어티(사회)'보다는 분명하고 뾰족한 단일 DNA를 가지고 연결된 트라이브의 속성과 가깝다.

소사이어티의 근간이 계약이나 약속인 것과 달리 트라이브에는 개인적 지향성에 기초한 '공감'이라는 정서적 유대감이 깔려 있다. 즉, 초개인화 시대의 개인은 자신이 주도적으로 만들어가는 개인적 지향성을 기반으로 공감이라는 정서적 연대를 맺는 트라이브를 형성한다. 또 이들은 하나의 트라이브에만 소속되지 않고 자신의 아이덴티티를 구성하는 요소만큼이나 다양한 수십 개의 트라이브에 걸쳐 있다.

Z세대는 트라이브를 통해 교류하는 것에 멈추지 않는다. '인플루언서블influenceable 세대[•]'이기도 한 Z세대에게 트라이브란 자신의 영향력을 단단히 다지는 기반이자 그를 펼치기 좋은 무대다. Z세대가 트라이브를 바탕으로 영향력을 어떻게 확장해나가는지 살펴보자.

[•] 자신의 영향력을 분명히 알고 이를 통해 사회에 영향력을 미치기 위해 직접 행동하는 세대로, 《밀레니얼-Z세대 트렌드 2022》에서 소개한 개념

CHAPTER 3

Z세대가 만드는
트라이브의 영향력

트라이브의 세분화와 코드만 통하면 언제든 연결됐다 흩어지는 무경계 특성은 다양하고 독특한 공동체와 문화를 만들어냈다. '이런 취향으로도 함께 연결된다고?', '이런 방식으로도 교류한다고?' 하는 사례들이 점점 등장하는 것이다.

대표적으로 '덕질'의 변화가 있다. 보통 덕질에는 사람이나 콘텐츠, 캐릭터 등 명확한 대상이 있고, 그 대상을 중심으로 사람들이 모이고 커뮤니티가 형성된다. 하지만 최근에는 특정 대상이 아닌 덕질을 하는 행위 자체에 공감하고 연대감을 형성하고 있다.

유튜버 '찰스엔터'가 그 예다. 브이로그를 주로 올리던 찰스엔터는 이제 스스로 '리액션 대마왕'이라고 소개한다. 이른바 '리액션 콘텐츠'로 주목을 받았기 때문이다. 찰스엔터는 드라마 〈그해 우리는〉, 연애 예능 프로그램 〈환승연애2〉, 〈하트시그널4〉를 보며 실시간으로 반응을 촬영한 리액션 콘텐츠를 올렸다.

과몰입을 부르는 찰스엔터의
리액션 콘텐츠_유튜브 찰스
엔터

찰스엔터의 격정적인 반응과 멘트는 해당 콘텐츠를 덕질하는
'과몰입러'들의 공감을 샀다. 그의 채널은 2023년 8월 기준 구독자
가 3만 명인데, 〈하트시그널4〉 리액션 콘텐츠는 조회 수가 10만 회
를 웃돈다. 특히 공감되는 리액션이 담긴 영상은 조회 수가 20만 회
에 이르는 영상도 있을 정도로 인기다.

주객이 전도된 모습도 볼 수 있다. '프로그램은 하차했지만 리액
션 영상은 꼬박꼬박 챙겨 본다'는 댓글이 달리기도 하고, 찰스엔터
의 리액션에 더 공감하고 즐기기 위해서 〈하트시그널4〉를 시청하
는 사람도 있다. 콘텐츠 그 자체가 아니라 나와 비슷하게 콘텐츠에
과몰입하며 즐기는 모습이 공감대 형성 코드가 된 것이다.

트라이브를 통한 연대는 개인의 영향력을 강화하는 데 도움이
된다. 찰스엔터 역시 리액션 콘텐츠와 이에 공감하는 시청자의 트
라이브를 바탕으로 채널을 성장시켰다.

트라이브의 영향력을 확인할 수 있는 더 명확한 사례가 있다. 바
로 2023년 Z세대의 사랑을 받은 캐릭터 '빤쮸토끼'를 만든 일본인
일러스트레이터다. Z세대 사이에서 빤쮸토끼 캐릭터가 알려지고

28

인기를 끌게 된 배경에는 덕질과 공감을 바탕으로 한 유대감이 있었다.

빤쮸토끼를 그린 일러스트레이터는 유명한 케이팝 덕후로, 평소 유튜브에 '비대면 팬 사인회 참여 후기'같이 케이팝 아티스트를 덕질하면서 겪은 일을 영상으로 만들어 올렸다. 일종의 '팬 브이로그'라고 할 수 있다. 비대면으로 진행된 영상 통화 팬 사인회임에도 깨끗하게 씻고 단장하는 모습이나 연예인 앞에서 떨려서 제대로 말을 못 하는 모습이 담긴 영상은 아이돌 팬들의 공감을 샀다.

동시에 한국에서 일러스트레이터로서 인지도가 높아지기 시작했다. 관심사가 같다는 정서적 유대는 일러스트레이터 개인은 물론 그가 그리는 캐릭터에 대한 호감으로도 이어졌다. 이는 빤쮸토끼의 이름을 알리는 데 큰 역할을 했다. 2023년 7월에는 카카오프렌즈 홍대 플래그십 스토어에서 빤쮸토끼 팝업 스토어를 열었는데 Z세대의 '오픈런'을 부르며 성공적으로 마무리됐다. 공감을 기반으로 한 트라이브의 영향력을 확인할 수 있는 사례다.

Z세대의 색다른 트라이브, 합작 문화

관심사가 비슷한 사람들과 트라이브를 형성해 혼자서는 만들 수 없는 색다른 결과물을 만들기도 한다. 바로 합작 문화다. 합작이란 말 그대로 여러 사람이 모여서 하나의 작품을 만드는 것을 뜻한다. 특정 콘텐츠나 캐릭터, 연예인을 좋아하는 사람들이 함께 모여 그림을 그리거나 짤을 이어 붙이고 독특한 편집을 더해 영상 콘텐츠를 만드는 것 같은 행위다.

일부 커뮤니티에서 이벤트처럼 이뤄지던 이런 합작 문화는 최근 Z세대의 놀이문화가 됐다. Z세대의 합작 콘텐츠는 틱톡이나 유튜브 등 콘텐츠 플랫폼에서 볼 수 있다. 주로 '(여자)아이들 〈퀸카〉 합작', '뉴진스 〈ETA〉 합작' 등 케이팝 아이돌의 노래를 나눠 부르거나, '산리오 8인 합작', '지브리 합작'처럼 함께 그림을 그리는 경우가 많다. 각자 한 소절씩 부른 노래나 한 장씩 그린 그림 등 결과물을 이어 붙여, 쉽게 제작할 수 있는 숏폼Short-form● 영상 콘텐츠로 만들어 공유하는 것이 요즘 Z세대의 합작 문화다.

합작에 참여하는 사람을 모집하는 과정에서도 트라이브의 특징이 나타난다. 바로 관심사와 코드만 통한다면 참가에 제한이나 경계가 없다는 점이다. Z세대는 보통 틱톡이나 유튜브에서 합작에 참여할 사람을 공개 모집한다. 틱톡에 "아이브의 〈I AM〉 노래 합작을

● 틱톡, 유튜브 쇼츠, 인스타그램 릴스처럼 1분 내외로 길이가 짧은 영상 콘텐츠

틱톡과 유튜브에서 유행하는 Z세
대의 합작 콘텐츠_틱톡 보힌 합작

준비 중입니다. 참여하실 분 '틱메(틱톡 메시지)' 주시면 '옾챗(오픈채
팅)' 링크 보내드려요"라고 게시글을 올리는 식이다. 참여자가 다 모
이면 각자 파트를 나눠서 노래를 부르고 하나의 영상으로 만든다.
참여자가 부르고 싶은 파트를 녹음해서 공유하면 합작을 연 사람
이 그중 몇 개를 조합해 콘텐츠를 만들기도 한다.

　모집할 때 참여자의 노래나 그림 실력을 확인하는 경우도 있지
만 보통은 참여하고자 하는 마음과 끝까지 참여할 의지만 있으면
된다. 각 파트를 선착순으로 모집하는 경우가 흔해 노래 실력이나
그림 실력이 뛰어나지 않은 사람도 참여한다. 각자의 작품이 완벽
하지 않더라도 합쳐지면서 예상치 못했던 독특하고 매력적인 결과
물이 나온다. 참여하기 어렵지 않고, 즉흥적으로 연결됐다 흩어지
고, 함께하면서 영향력을 만들 수 있는 합작 문화는 트라이브의 특
성이 두드러지는 사례.

뉴스레터, 커뮤니티가 되다

인플루언서블 세대이자 자신의 캐릭터를 만들어가고 스스로 브랜딩하는 Z세대에게 정서적으로 연결된 트라이브로 형성한 유대감은 강력한 힘을 준다. 자신의 관심사를 기반으로 트라이브를 모집하고 확장하며 개인의 영향력을 강화하기도 하고, 혼자서는 만들 수 없었던 새로운 영향력을 트라이브로 만들어간다.

트라이브의 영향력을 체감할 수 있는 사례가 바로 뉴스레터 문화다. 원래 뉴스레터는 기업과 브랜드에서 마케팅을 목적으로 운영하는 경우가 많았다. 그러다 2019년부터 개인이 특정 주제나 관심사에 대한 정보를 전하는 미디어로 자리 잡았다. 이런 뉴스레터는 요즘 Z세대에게 도전하기 좋은 사이드 프로젝트로 각광 받고 있다. 비교적 다루기 쉬운 '메일'이라는 매체가 기반이어서기도 하지만, 자신의 관심사에 관한 정보를 전함으로써 하나의 트라이브를 형성하고 영향력을 확장할 수 있기 때문이다.

뉴스레터는 트라이브를 만들기 좋은 요건을 여럿 가지고 있다. 첫 번째로 요즘 운영되는 뉴스레터는 예전보다 더 세밀하고 다양한 관심사와 라이프스타일을 다룬다. 매주 재미있는 짤을 모아 공유하는 '밈짤모아 해적단', 1인 가구 라이프스타일 정보를 전하는 '혼삶레터', 아빠들의 육아 방식을 공유하는 '썬데이 파더스 클럽' 등이 그 예다. 작고 뾰족한 관심사와 라이프스타일을 다루기 때문에 같은 관심사를 가진 사람과 쉽게 연결돼 트라이브를 형성하기 좋다. 그렇기에 비슷한 관심사와 지향성을 가진 사람들끼리 함께 모여 시작하는 경우도 많고, 관심사를 기반으로 구독자를 빠르게 늘려가기도 한다.

또 다른 특징은 쌍방향으로 소통한다는 점이다. 과거 뉴스레터는 소식을 전하는 일방적인 매체에 가까웠으나, 요즘 뉴스레터는 구독자에게 오늘 전한 소식이 어땠는지, 어떤 주제를 더 다뤘으면 좋겠는지 적극적으로 피드백을 받는 경우가 많다. 이렇게 구독자와 정서적으로 활발하게 소통하기 때문에 유대감을 형성하기 쉽다.

뉴스레터를 바탕으로 트라이브를 만들어가는 사례를 살펴보자. '주말랭이'는 매주 금요일마다 소중한 주말을 알차게 보내는 방법을 큐레이션하는 뉴스레터다. 주말 날씨, 주말에 가기 좋은 맛집이나 카페, 즐길 거리를 소개한다. 주말랭이는 몽자(황엄지), 엘리(조지언), 메이(김연수), 이렇게 관심사가 비슷한 세 사람의 사이드 프로젝트로 시작됐다.

처음 세 사람이 가진 정보를 나누기 위해서 시작한 뉴스레터는 지금은 '주말에 진심인 사람들이 모인 커뮤니티'로 개념을 확장했다. 메일이라는 형태를 취하고는 있지만 일방적으로 정보를 제공하는 것이 아닌 주말을 어떻게 보내야 할지 고민하는 사람들과 상호 작용하는 커뮤니티와 같다는 생각에서였다. 구독자인 '랭랭이'와 탄탄하게 쌓은 트라이브를 바탕으로 뉴스레터에서 커뮤니티로까지 세계관을 확장하고, 2023년에는《여기 가려고 주말을 기다렸어》라는 책까지 출간했다. 또 '놀러 온 에디터'라는 코너를 운영해 공간 이야기를 하고 싶은 사람들을 모아 트라이브를 확대했다. 같

구독자 랭랭이들이 주말을 잘 보내기 위한 정보를 나누는 공간인 '놀이터'_주말랭이

은 관심사를 가진 사람들끼리 모여 하나의 커뮤니티를 만들고 영향력을 키우며 더 탄탄한 트라이브를 형성해가고 있다.

이처럼 개인의 관심사를 기반으로 만드는 트라이브는 하이퍼 퍼스낼리티를 강화하고 자신을 브랜딩할 수 있는 바탕이 된다. 또 개인으로서는 달성할 수 없는 일을 이룰 강력한 영향력을 갖추도록 도와준다.

초개인화의 시대에는 이미 만들어져 있는 사회적 소속이라는 집단보다 각자의 지향성을 바탕으로 만들어가는 커뮤니티인 트라이브가 더 큰 파급력을 지닌다. 또 개인적 지향성이 사회적 소속보다 관계를 맺는 데 결정적인 요소가 됐다. 즉, 스스로 자신의 지향성을 뚜렷하게 알고 이를 기반으로 관계를 맺고 자신의 영향력을 강화하는 것이 매우 중요한 시대다. 커뮤니티를 만들고 이끄는 능력인 트라이브십의 중요성 역시 커지고 있다.

경계 없는 트라이브십의 시대

선명한 아이덴티티를 가진 개인이 만들어가는 트라이브에서 나이나 세대, 지역의 경계가 없다는 것에 주목해야 한다. 트라이브의 핵심 연결고리는 성향, 취향, 관심사 등 개인적 지향성이다. 나이, 지역 등 사회적 소속이 다르더라도 개인적 지향성이 통하면 같은 취향을 향유하고 교류하는 데 걸림돌이 없다. 온라인이 아닌 대면해서 이야기를 나누더라도 상대방의 나이나 직업, 사는 곳에 큰 관심을 두지 않으며 이를 굳이 공유하지 않는 경우도 많다. '트레바리'나 '남의 집' 같은 관심사 기반 취향 모임에서도 다양한 연령대가 자유롭게 만나 이야기를 나눈다. 뉴스레터나 오픈채팅에서도 하나의 관심사를 위해 다양한 연령과 배경을 가진 사람들이 함께한다.

이는 관계에서만 국한되는 특징은 아니다. 개인적 지향성인 취향은 소비에서 특히 영향력이 두드러진다. 소비 활동에서 나이는 중요하지 않다. 20대를 타깃으로 한 제품이라도 40~50대가 자신의 취향에 맞는다면 적극적으로 소비한다. 반대로 X세대가 즐기던 문화나 콘텐츠를 Z세대가 끊임없이 파고들기도 한다. Z세대가 Y2K 패션에 주목하고 디지털카메라로 유튜브 브이로그를 만드는 모습에서 개인적 지향성이 세대나 시대를 뛰어넘는다는 점을 확인할 수 있다.

물리적인 공간과 생활권에 대한 인식도 달라지고 있다. 경계가 없는 온라인에서 전 세계와 실시간으로 연결될 수 있다는 사실은 이미 익숙하다. 나아가 이제는 오프라인에서도 심리적 경계가 없어지고 있다. Z세대에게 공간은 자신의 취향을 바탕으로 '디깅Digging'할 수 있는 대상이다. 그 지역에 살지 않더라도 생활권에 상관없이 지역색이 내 취향에 맞는다면 끊임없이 방문하고 파고들며 물리적 경계를 뛰어넘어 애착을 쌓는다. Z세대 사이에서 로컬 공간 소비가 뜨는 현상이나 거주민이 아니지만 특정 지역과 유대감을 형성하는 '관계 인구'라는 개념의 등장은 공간에 대한 인식이 달라지고 있음을 보여준다.

경계 없는 트라이브의 시대, 연령이나 세대, 지역을 기준으로 한 소비층의 구분은 의미가 없어지고 있다. 개인적 지향성을 기반으로 한 연대와 유대가 그를 가뿐히 뛰어넘기 때문이다. 취향이나 관심사 등을 토대로 소비층을 구분해야 하는 것은 물론, 그 단위도 더 작게 분화해야 한다. 이제는 대중에게 사랑받을 만한 메가 코드를 찾는 것도 무의미하다. 개인들이 작고 뾰족한 교집합으로 연결되는 것처럼, 기업이나 브랜드도 소비자와 연결될 작은 교집합을 만드는 것이 필요해졌다.

이런 트라이브십은 가정, 기업, 사회에도 적용된다. 먼저 사회의 가장 작은 단위인 가족의 의미가 변화하고 있다. 한때 핵가족화와 함께 이혼율이 늘고 출생률이 떨어지면서 가족의 붕괴를 논한 적도 있다. 사회를 구성하는 가장 작은 단위인 가족이 약해지면서 사회의 결속도 약해지고 있기 때문이다. 사회를 구성하는 요소를 기준으로 보면 가족의 결속이 약해졌다고 보일 수 있겠으나, 오히려 더 탄탄한 트라이브십을 형성하는 가족이 늘고 있다. 취향이나 관심사를 공유하는 정서적 교류가 더 빈번해진 결과다. 실제로 요즘은 부모와 자녀가 같은 취향을 공유하고 관심사를 나누면서 정서적으로 더 친밀해진 모습을 쉽게 볼 수 있다.

가족의 단위는 작아졌을지 몰라도 친척 간 교류는 오히려 더 잦아졌다. 조부모가 손주를 돌보거나 삼촌과 이모가 '조카 바보'를 자처하는 등 자녀 한 명을 중심으로 가족을 확장하기 때문이다. 이렇게 사회적으로 가장 작은 단위인 가족이 정서적으로 유대하며 더 끈끈한 관계를 맺고 그 안에서 세대 간 교류가 활발히 일어나는 현상은 사회 전반에 많은 변화를 만들어내고 있다.

이제부터 트라이브십의 시대, Z세대가 만들고 교류하는 트라이브를 중심으로 트렌드를 이야기하고자 한다. 트라이브를 형성하는 핵심 코드인 개인적 지향성의 중요성이 더 커지며 Z세대의 소비 행태와 기업들의 마케팅이 달라지는 모습을 살펴볼 것이다. 또 Z세대가 선호하는 공간은 무엇인지는 물론, 이를 소비하는 행태와 의미가 어떻게 변화하고 있는지 알아볼 것이다. 이와 더불어 수십 개의 트라이브로 연결된 Z세대가 어떤 방식으로 커뮤니티를 형성하고 있는지, 콘텐츠를 통해서는 어떻게 관계를 맺고 소통하고 있는지를 살펴보고자 한다. 더 나아가 트라이브십이 바꾼 가족, 학교, 기업, 사회의 모습을 살펴보며 시대의 흐름까지 조망해볼 것이다.

PART 2.

트라이브십이
바꾼
2024 Z세대
트렌드

ISSUE 1.

지향 선망

선명한
개인적 지향성이
영향력을 갖다

트라이브십의 시대, 선명한 개인적 지향성을
갖는 것이 중요해지고 있다.
남들과 차별화된 취향과 지향성을 갖는 것은
그 자체로 매력적으로 보인다.
또 탄탄한 트라이브를 형성하는 연결고리가 되고
영향력을 강화하는 발판이 되기도 한다.
이는 개인에게만 해당하는 이야기가 아니다.
개인처럼 아이덴티티와 지향성이 뚜렷한
'스몰 브랜드'가 주목받고, 뾰족한 취향을 잘 읽어낸
기업이 소비자와 트라이브를 형성한다.
선명한 개인적 지향성이 선망받는 지금,
Z세대의 일상을 살펴봤다.

CHAPTER 4.

선명한 개인적
지향성이 곧 능력

오전에는 마켓컬리에서 선호하는 식료품을 구매하고 29CM에서 관심 있는 디자이너의 신상품을 구경한다. 오후에는 좋아하는 동네에 있는 아기자기한 카페에 들러 시간을 보내고, 밤에는 같은 아이돌을 좋아하는 '덕메*'들과 디스코드로 한참 수다를 떨다 잠든다.

Z세대의 하루는 온갖 취향을 중심으로 흘러간다. 구매한 물건부터 친구와 나누는 대화 주제까지, 일상의 모든 부분에 자신이 직접 찾고 주도적으로 만들어가는 개인적 지향성이 녹아 있다. 모임에 나가서도 나이와 직업 등 소속이 같은 것을 넘어 요즘 즐기는 취미나 관심사가 통하는 이와 뭉친다. 자신만의 취향이나 라이프스타일이 뚜렷하지 않다면 하루가 밋밋해지고 심심해지는 것을 넘어 타인과 연결되기도 어렵다.

• '덕질 메이트'의 줄임말로 어떤 대상을 함께 좋아하고 교류하는 친구 혹은 지인

Z세대에게 개인적 지향성은 자신의 아이덴티티를 보여주는 지표이자 트라이브십을 형성하는 중요한 연결고리다. 스스로의 취향과 관심사를 얼마나 분명하게 알고 있는지, 그 취향을 얼마나 깊게 파고들어 즐기는지에 따라 아이덴티티의 선명도가 달라진다. 개인적 지향성을 명확하게 알고 이를 자신의 아이덴티티에 잘 녹여내는 사람은 특별한 감각과 개성을 지녔다는 평가를 받고 선망의 대상이 된다. 자신의 지향성을 얼마나 명확하게 알고 있느냐가 매력도를 좌우하는 것이다.

트라이브십의 시대, 남들보다 뾰족하게 다듬어진 취향과 라이프스타일은 사회적으로 인정받는 능력이나 스펙만큼 중요한 경쟁력이 됐다. 선명한 개인적 지향성을 가지는 것을 선망하고 이를 기반으로 단단한 트라이브를 형성하며 스스로 브랜드화하는 Z세대의 모습을 살펴보자.

▼

취향을 찾아가는 과정을 손민수˙하다

Z세대 사이에서 주목받는 인스타그램 계정이 하나 있다. 2023년 5월 마케터이자 인플루언서인 김규림, 이승희, 김소희가 오픈한 선물 큐레이팅 계정 '언커먼기프트센터'다. 이름에서 알 수 있듯 흔하지 않으면서도 선물하기 좋은 제품들을 소개한다.

• 다른 사람을 부러워하고 따라 하는 행위로 '손민수하고 싶다'는 따라 하고 싶다는 의미

분명한 취향을 바탕으로 선물하기 좋은 제품을 소개하는 언커먼
기프트센터 인스타그램 uncommon_giftcenter

선물 고르기는 어렵다. 너무 흔한 것은 이미 가지고 있을 확률이 높고, 너무 특이한 것은 상대방의 취향에 맞을지 확실하지 않다. 둘 사이에서 한참 고민하다가 결국 카카오톡 선물하기에 들어가 인기 순위를 본다. 100% 만족스러운 선물은 아니더라도 실패는 하지 않는 안전한 길을 택하는 것이다. 언커먼기프트센터는 이런 고민을 해결해주기 위해 더 좁고 뾰족한 취향에 집중하는 전략을 선택했다. "우리는 만듦새 좋은, 스토리가 있는, 우리 눈에 예쁜 선물을 소개합니다"라는 소개 글처럼 언커먼기프트센터는 세 사람의 선명한 취향과 감각을 기반으로 큐레이션한 제품들을 알려준다. 또 이들처럼 자신만의 감각을 가진 '게스트 큐레이터'가 추천한 제품을 소개하기도 한다.

언커먼기프트센터는 제품을 설명할 때 크기나 질감 등 사실만 나열하기보다 그들이 매력을 느끼는 포인트나 그에 얽힌 개인사를 자세하게 풀어낸다. 예를 들면 이런 식이다.

"다양한 컵 중에서 가장 좋아하는 건 단연 빈티지 느낌의 밀크 글라스입니다. 밀크 글라스는 도자기처럼 불투명한 색채감이 있으면서 유리처럼 투명하게 빛과 그림자를 머금고 있거든요. 그래서 음료를 담았을 때 그 음료가 은은하게 비치는 것이 매력입니다. 영화 <화양연화>를 좋아하는 친구가 있다면 옥색 밀크 글라스를 선물해보세요."

밀크 글라스를 추천하면서 어떤 점에서 매력을 느끼는지, 어떤 취향이나 감성과 맞닿아 있는지를 구체적으로 소개한다. 물론 좁고 뾰족한 취향에 기반한 추천은 호불호가 갈릴 수도 있다. 하지만 분명한 취향을 선망하는 Z세대에게는 그 자체가 매력으로 다가온다. 또 계정 운영자들이 전부터 개인 인스타그램으로 자신의 지향성을 공유해왔다는 점도 신뢰도를 높였다. 계정을 보는 이들은 큐레이터의 취향과 감각에 신뢰와 호감을 느끼고, 그를 함께 향유하기 위해 제품을 구매한다. 취향과 관심사 등 개인적 지향성이 뚜렷한 사람에게 매력을 느끼고 그에 대한 공감이 소비로 이어지는 것이다.

자신만의 독특한 감각을 가진 사람을 선망하는 모습은 Z세대가 선호하는 인플루언서의 특징에서도 뚜렷하게 확인할 수 있다. Z세대가 추구하는 지향점이나 롤모델을 확인하기 위해서 이들에게 '손민수하고 싶은 뷰티·패션 인플루언서'를 물어본 결과[2] 크게 두 가지 특징이 나타났다.

첫 번째는 자신만의 개성이 명확한 사람을 선호한다는 점이다. 2년 전까지만 해도 닮고 싶거나 따라 하고 싶은 뷰티·패션 인플루언서가 누구인지 물어봤을 때 어느 정도 대답의 유형을 분류할 수 있었다. 힙한 스타일, 러블리한 스타일, 청순한 스타일 등으로 나눌 수 있었고, 그중 많이 언급된 키워드로 유행하는 스타일을 가늠할 수 있었다. 자신이 실제로 따라 해보고 싶은 스타일을 중심으로 답했기 때문에 가능한 결과였다.

하지만 최근 Z세대 사이에서 주목받는 인플루언서는 스타일을 한 가지 키워드로 정의할 수 없다. 정형화되지 않은 자신만의 개성을 만들어가는 사람이 주목받고 있기 때문이다. 대표적인 인플루언서로 '짜잔씨'를 들 수 있다. 짜잔씨는 독보적인 감성과 캐릭터를 앞세워 Z세대 사이에서 떠오르고 있는 뷰티·패션 유튜버다. 그는 Y2K 스타일로 메이크업 영상이나 일상 브이로그를 올리는데, 2000년대 일본 드라마에서나 볼 수 있을 법한 독특한 스타일이 매력적이다. 뷰티, 패션업계에서 Y2K 스타일이 대세임에도 그와 비슷한 느낌을 가진 사람을 찾아보기 어려울 정도다.

"저는 짜잔씨 님처럼 독특하고 자신만의 스타일이 확고한 인플루언서를 좋아해요. 같은 트렌드도 본인의 개성으로 풀어내 독보적이에요. 자신만의 특별한 개성이나 스타일이 있는 사람들이 매력적인 것 같아요." _제트워크 시즌9 참여자 먀(G1061)

그 외에도 닮고 싶은 인플루언서로 '수사샤', '구효민', '잉화' 등이 주로 언급됐는데, 모두 자신만의 개성과 감성이 돋보인다. 그중 잉화는 독특한 색 조합의 코디를 추천해 인기가 많은데 '색 조합 장인'으로 불릴 정도로 감각이 뛰어나다.

두 번째 특징은 Z세대가 닮고자 하는 포인트가 달라졌다는 점이다. 이전에는 실제로 따라 해보고 싶은 스타일을 대답하는 경우가 많았지만 지금은 상황이 다르다. Z세대가 짜잔씨나 잉화 같은 인플루언서가 추구하는 감성이나 스타일 그 자체를 따라 하고 싶어 하는 것은 아니다. 다른 사람과 차별화되는 특별한 감성을 가지고 있다는 점을 멋있다고 생각하고, 이들이 개성을 표현하는 모습이나 태도를 닮고 싶어 한다. 다른 사람을 그대로 따라 하는 것보다 자신만의 독보적인 개성이나 감각을 발굴하는 것을 중요하게 생각하기 때문이다.

Z세대가 그다음으로 닮고 싶다고 많이 언급한 인플루언서는 자기 관리를 잘하고 뚜렷한 삶의 지향점이나 태도를 지닌 이들이다. 갓생 유튜버로 유명한 '딤디', 긍정적인 삶의 태도로 주목받는 '해쭈'가 그 예다. 또 많이 언급된 유튜버인 '그래쓰'는 60만 명이 넘는 구독자를 보유한 여행 크루 채널 '여락이들'의 멤버다. 그가 자기 관리를 하는 모습이나 가수 활동을 하면서 행복한 삶을 꾸리는 모습에 Z세대는 자극을 받는다.

> "본인만의 감성과 철학으로 삶을 영위하는 분이 멋있더라고요. 이런 분들의 패션 스타일뿐만 아니라 라이프스타일을 따라 해보고 싶었어요." _제트워크 시즌9 참여자 레몬(R1089)

여기서도 Z세대는 겉으로 보이는 것을 넘어 자신만의 스타일을 만들어가는 과정에 집중한다. 이들은 인플루언서의 화장법이나 스타일링을 똑같이 따라 하기보다는 자신의 개성을 찾아가는 과정 그 자체에 관심을 가진다. 개인적 지향성이 뚜렷한 사람을 롤모델 삼아 그 과정을 따라 해보며 자신의 캐릭터를 구축한다.

트라이브십의 시대의 셀프 브랜딩

Z세대에게 개인의 캐릭터와 아이덴티티를 더 선명하게 드러내는 것은 중요한 일이다. 그렇다 보니 Z세대 사이에서는 항상 셀프 브랜딩이 화제다. 인스타그램 계정에 내가 어떤 사람인지 보여주는 사진을 모아 올리고, '바이오'에 나의 특징과 커리어를 기록한다. 노션으로 지금까지 내가 만들어온 것들을 모아 포트폴리오를 만든다.

이전까지 셀프 브랜딩의 핵심은 자신의 캐릭터를 선명하게 보여주는 것이었다. 그래서 나를 잘 보여줄 수 있는 포트폴리오를 만드는 방법이 주목받았다. 그러나 트라이브십의 셀프 브랜딩은 한 단계 더 나아간다. 자신의 캐릭터를 보여주는 것에서 끝나지 않고, 이를 기반으로 같은 취향이나 관심사 등 개인적 지향성이 맞닿은 사람들과 어떻게 커뮤니티를 형성하고 그 커뮤니티를 바탕으로 영향력을 어떻게 펼쳐 나갈지까지 생각하고 실행한다.

셀프 브랜딩이 커리어나 기회로 이어져 개인이 하나의 브랜드가 되는 경우가 많아졌다. 대표적인 예로 호텔 덕후 '체크인'을 들 수 있다. 그는 파리 여행 중 방문한 호텔에 매력을 느껴 호텔 덕후가 됐

호텔 덕후로 시작해 호텔 브랜드까지 직접 만든 체크
인_인스타그램 hotel_maker_checkin

고 자신의 호텔을 세우고 싶다는 꿈이 생겼다고 한다. 그 후 호텔 투
숙에만 3000만 원 넘게 투자하며 각양각색의 호텔을 방문했고, 그
과정을 그만의 시선으로 리뷰하는 인스타그램과 호텔 추천 웹서비
스를 운영했다.

체크인은 자신의 취향을 파고드는 과정을 포트폴리오로 만들며
'호텔 세울 사람'이라는 구체적인 아이덴티티를 만들어갔다. 그리
고 이를 기반으로 비슷한 관심사를 가진 사람들과 소통하며 트라
이브십을 쌓았다. 이런 셀프 브랜딩이 비즈니스의 초석이 됐고 결
국 모듈러 호텔* 브랜드 '아우토프'를 세웠다. 뾰족한 관심사만 있

• 표준화된 객실을 모듈 형태로 공장에서 생산한 뒤 조립해 만든 호텔

다면 쉽게 트라이브를 만들 수 있는 지금, 자신의 취향과 지향성을 디깅하고 비슷한 관심사를 가진 사람들과 공유하는 것은 곧 새로운 기회가 된다.

또 다른 사례도 있다. 자기 자신을 '김밥 큐레이터'이자 '대한민국 김밥 홍보대사'라고 칭하며 3년째 전국 김밥 일주를 하고 있는 정다현의 사례. 그는 어린 시절부터 김밥을 사랑해왔고 지금도 한 주에 서너 번 이상 김밥을 먹는 김밥 덕후다.[3]

그는 원래 맛집 리뷰 인스타그램 '푸글'을 운영하던 푸드 인플루언서였다. 먹는 것을 좋아해 시작한 채널이었지만 본인이 아닌 팔로워들이 선호하는 비주얼만을 좇다 보니 회의감이 들었다. 이에 자신이 진짜 좋아하는 것을 다시 찾기 시작했는데 그때 떠오른 것이 김밥이었다고 한다.

2021년부터 전국에 있는 김밥 맛집을 찾아다니기 시작했고 2023년 8월까지 약 450여 곳을 순회했다. 첫 전국 김밥 일주를 떠나며 이 내용을 기록하고 공유해보자는 마음에 '김밥집'이라는 인스타그램을 개설했고, 현재는 그의 여정을 응원하는 팬이 12만 명이나 생겼다. 자신의 취향을 깊게 파고들며 쌓은 경험을 바탕으로 방문한 김밥집 중 136곳을 엄선해《전국김밥일주》라는 책을 발간했다.

여기서 그치지 않고 2023년 6월 '김밥순례'라는 김밥 커뮤니티까지 만들었다. 김밥을 좋아하는 사람들과 좀 더 적극적으로 소통하고 'K-김밥'을 널리 알리겠다는 꿈을 이루기 위해서다. 커뮤니티에서는 김밥을 좋아하는 사람들이 모여 김밥 맛집 후기를 나누거

❶ 자칭 타칭 김밥 큐레이터 정다현의 인스타그램_인스타그램 gimbapzip
❷ 김밥을 사랑하는 사람들과 소통하고자 만든 김밥순례 커뮤니티_네이버 카페 김밥순례

나 레시피를 공유하고 오프라인 모임도 가지며 활발하게 교류하고 있다.

　트라이브 시대의 셀프 브랜딩은 자기 PR에서 그치지 않는다. 자신의 분명하고 뚜렷한 지향성을 바탕으로 자신의 캐릭터를 구체화하고 이를 중심으로 트라이브를 형성한다. 그리고 인플루언서와 팔로워의 관계에서 더 나아가 일방적인 소통이 아닌 함께 영향력을 주고받는 커뮤니티로까지 확장한다. 이렇게 확장된 트라이브는 개인의 영향력을 강화하고 확산하는 탄탄한 기반이 된다. 도서를 출간하거나 브랜드를 만드는 등 구체적인 커리어를 쌓는 데 도움이 되기도 하고, 혼자서는 어려운 목표를 달성하게 돕기도 한다. 이처럼 커뮤니티를 만들고 리드하는 능력인 트라이브십은 중요한 경쟁력이 됐다.

CHAPTER 5

스몰 브랜드와 쌓는
트라이브십

뾰족하고 니치한 취향이 선망받는 시대에는 브랜드도 한 개인처럼 아이덴티티가 선명하고 뚜렷할수록 사랑받는다.

이는 스몰 브랜드의 인기에서도 확인할 수 있다. 최근 몇 년 새 Z세대 사이에서는 모두에게 통하는 대중적 취향을 반영하기보다 브랜드를 만든 사람의 독특한 개성과 감각을 담은 스몰 브랜드가 각광받고 있다. 규모가 크지 않아 스몰 브랜드라고 불리지만 그 영향력은 작지 않다. 대표적인 스몰 브랜드인 국내 디자이너 패션 브랜드들의 경우 29CM, 무신사 등 온라인 플랫폼은 물론, 백화점 매출까지 견인하고 있다. 그중 김다인 디자이너의 '마뗑킴'은 더현대 서울에 입점해 오픈 3일 만에 매출 3억 원을 달성했을 정도다.[4]

Z세대가 스몰 브랜드에 열광하는 이유는 뭘까? 첫 번째는 자신의 아이덴티티를 더 명확하게 표현할 수 있어서다. 좋아하는 브랜드를 보면 그 사람의 가치관이나 정체성을 대략 파악할 수 있다. 명

확한 콘셉트를 가진 스몰 브랜드라면 더욱 그렇다. 그 안에 담긴 취향과 감각을 함께 소비함으로써 나는 이런 지향을 가진 사람이라는 것을 직관적으로 보여줄 수 있기 때문이다.

스몰 브랜드를 소비하는 것은 나의 아이덴티티를 표현하는 데 그치지 않는다. 앞서 개인들이 점점 더 좁고 뾰족한 취향과 관심사로 모여 정서적인 유대감을 나누는 트라이브를 형성한다고 이야기했다. 이와 마찬가지로 독특한 개성과 감각이 담긴 스몰 브랜드는 트라이브십을 형성하기 좋은 수단이다. 같은 브랜드를 소비하고 좋아하는 소비자들끼리 소속감과 유대감을 가지는 것은 물론, 소비자와 브랜드 간에도 유대감이 형성된다.

Z세대 소비자는 브랜드를 단순히 브랜드로만 생각하지 않는다. 브랜드를 아이덴티티가 뚜렷한 사람이라고 생각하고 다가간다. 제품을 소비하고 비슷한 취향을 공유하며 유대감을 쌓고, 제품뿐만 아니라 브랜드가 아이덴티티를 만들어가는 과정과 스토리에도 관심을 갖는다.

뚜렷한 지향성이 곧 브랜딩

스몰 브랜드가 처음 등장했을 때 그 개념은 말 그대로 개인이나 소기업이 만든, 규모가 작은 브랜드에 가까웠다. 그때 대중을 타깃으로 다양한 제품군을 쏟아내는 대형 브랜드와 달리 스몰 브랜드는 명확한 한 카테고리나 제품에만 집중해 차별성을 확보하는 전략을

자기만의 개성을 추구하는 스몰 브랜드

Z세대가 선호하는 스몰 브랜드

구분	브랜드명	특징
라이프 스타일	오티에이치콤마	사진작가 '예진문'의 브랜드로, 일상이나 여행 풍경을 패브릭 포스터나 커튼으로 제작
	마찌	특유의 키치한 감성으로 컵, 파우치, 케이스 등을 제작. 공식 캐릭터 머핀의 인기가 높음
	필피	폐박스, 이면지, 폐우유감 등 재생 소재를 활용한 인테리어 소품 제작. 소비자와 소통하며 폐자원 수거 활동을 꾸준히 하겠다는 메시지 전달
패션	디망쉬	케이크를 주제로 한 의류 굿즈를 만들며 배송 시 케이크 박스에 담아 콘셉추얼 극대화
	식품닷	에이드, 캔디 같은 간식의 질감, 색, 구조를 관찰해 액세서리로 재해석
	레디투킥	모든 연령이 수영을 즐기길 바라는 마음을 담아 수영 관련 제품 제작. 수영이 낯선 이들을 모아 '레디투킥 스위밍 클럽'을 운영하기도 함
문구	머쉬룸 페이퍼 팜	'다꾸' 인플루언서들의 다양한 속지를 조합해 나만의 노트 제작 가능
	유어이모션	팬덤 문화에서 덕질할 때 주로 사용하는 콜렉트북, 탑로더 등을 판매
	낼나	디지털 문구 브랜드. 굿노트에 추천하는 색 조합 같은 디지털 문구 사용 '꿀팁'을 공식 채널에 업로드함

취했다. 동시에 이 전략은 한계가 많다는 평가를 받기도 했다.

하지만 지금은 다르다. 사람들의 취향이 더 세분되면서 소비자들도 점점 더 유니크한 취향을 담은 브랜드를 찾기 시작했다. 그리고 스몰 브랜드는 이런 변화를 이용해 더 분명하고 독특한 감각을 브랜드에 녹여냈다. 이렇게 점차 브랜드를 만드는 사람의 취향과 감각을 반영하고 자기만의 개성을 추구하는 것이 스몰 브랜드의 색깔로 자리 잡았다.

실제로 Z세대는 스몰 브랜드를 어떻게 소비하고 있을까? 대학내일20대연구소에서 운영하는 Z세대 커뮤니티 제트워크를 통해, Z세대가 어떤 스몰 브랜드를 소비하고 있는지 살펴봤다.

Z세대는 다양한 영역에서 스몰 브랜드를 소비한다. 특히 자신의 취향이나 라이프스타일 같은 개인적 지향성을 보여주기 용이한 패션이나 뷰티, 문구, 인테리어 분야의 스몰 브랜드가 주목받고 있다. 그중 라이프스타일 브랜드 오티에이치콤마는 여러 명에게 '최애 브랜드'로 꼽혔다. 오티에이치콤마는 사진작가이자 인플루언서인 예진문이 운영하는 라이프스타일 브랜드로, 자연 풍경 사진을 담은 커튼이나 패브릭 포스터로 유명하다.

예진문은 브랜드 론칭 전부터 독특한 인테리어 감각으로 SNS에서 유명했다. 그의 감각을 좋아했던 Z세대에게 그가 직접 만든 브랜드는 큰 매력으로 다가왔다. 소비자들은 예진문이 제품을 소개할 때 그 제품에 들어간 풍경에서 자신이 어떤 영감을 받았고, 제품에 어떤 스토리가 담겨 있는지 설명하는 데서 매력을 느낀다.

"여행지에서 느낀 영감을 패브릭 포스터나 인센스, 섬유 향수 등으로 풀어내서 작가님의 시선과 경험을 간접적으로 느낄 수 있더라고요. 저도 한강 패브릭 포스터를 구매했는데 마음에 들어서 계속 방에 걸어놓고 있어요." _제트워크 시즌10 참여자 소짱(Z1044)

"일상과 여행에서 받았던 영감을 하나로 엮어 이야기를 만드는데, 그 이야기들이 간접적으로 체험할 수 있는 사진전 같아요." _제트워크 시즌10 참여자 제니(Z1011)

이처럼 브랜드를 만드는 사람의 취향과 감각이 진하게 녹아 있을수록 스몰 브랜드는 큰 매력이 더 커진다.

스몰 브랜드가 강세를 보이는 또 다른 분야는 디자인 문구 브랜드다. 그중 살펴볼 사례로 머쉬룸 페이퍼 팜이 있다.

머쉬룸 페이퍼 팜은 다이어리가 대표 제품인 디자인 문구 브랜드다. 특이한 점은 기본 속지를 제외하고 머쉬룸 페이퍼 팜에서 판매하는 모든 속지를 여러 다꾸(다이어리 꾸미기) 인플루언서가 기획했다는 것이다. "다양한 기록 생활에 맞춘 함께 만드는 문구를 지향한다"는 모토처럼 다양한 스타일의 인플루언서와 협업해 마이크로한 소비자의 취향을 만족시켰다.

머쉬룸 페이퍼 팜 홈페이지에는 판매하는 속지마다 그 속지를 기획한 인플루언서의 계정을 기재해둔다. 이를 통해 해당 인플루언서의 팬은 그의 취향을 함께 공유할 수 있고 일반 소비자는 자신의 취향을 탐구할 수 있다. "뭘 좋아하는지 몰라서 다 준비했어"라는 공손한 박력을 보여주는 듯하다.

오티에이치콤마와 머쉬룸 페이퍼 팜, 두 브랜드의 공통점이 있다. 바로 소비자들이 분명한 취향이나 라이프스타일을 기반으로 브랜드와 트라이브십을 맺는다는 점이다. 개인과 관계를 맺을 때와 마찬가지로 작고 뾰족한 취향과 감각을 중심으로 브랜드와 소비자가 빠르게 공감대를 형성한다. 또 구매에서 그치지 않고 제품이나 브랜딩 전반에서 브랜드가 전하는 스토리에 반응하며 브랜드의 가치를 함께 즐긴다는 유대감을 얻는다. 그래서 스몰 브랜드는 소비자와의 관계가 두터우며 소비자들이 고객이 아니라 그 브랜드

서로의 기록하는 삶을 응원하는 '머시룸 레코드 클럽'_머쉬룸 페이퍼 팜

의 팬처럼 느껴지기도 한다.

　브랜드에 대한 애정은 같은 취향을 가진 동료 소비자들에게로 확산한다. 비슷한 취향을 가지고 같은 브랜드를 좋아한다는 이유로 유대감을 느끼는 것이다. 머쉬룸 페이퍼 팜은 기록을 좋아하는 사람들이 모인 만큼 이를 기반으로 교류 이벤트를 열기도 한다. 머쉬룸 레코드 클럽이 대표적인 예다. 이 이벤트는 느슨한 연대를 바탕으로 서로 기록하는 삶을 응원하는 참여형 캠페인이다. 연말에는 머쉬룸 페이퍼 팜과 협업하는 문구 인플루언서 '라이프파머'와 함께 모여 한 해를 회고하는 시간을 갖기도 했다. 또 온라인에서도

2주간 하루를 기록하며 리추얼을 만드는 이벤트를 진행했다. 여기에 참여한 소비자들은 자신의 기록과 목표를 공유하며 서로에게 '좋아요'를 건네거나 댓글을 달고 소속감을 느낀다. 같은 것을 좋아하는 마음을 기반으로 맺은 트라이브를 활용해 브랜드를 사랑하게 만드는 모습이 눈에 띈다.

Z세대가 만드는 스몰 브랜드

더 나아가 Z세대는 스몰 브랜드가 어떤 과정을 거쳐 탄생했는지, 브랜드를 만드는 사람들은 어떤 가치를 가지고 있는지 등을 궁금해하며 스몰 브랜드가 만들어지는 과정을 적극적으로 찾아본다. 뚜렷한 지향성을 가진 인플루언서가 취향을 표현하는 과정을 궁금해하듯이, 브랜드가 아이덴티티를 만들어가는 과정도 궁금해하는 것이다.

스몰 브랜드를 만드는 과정을 담은 콘텐츠들이 Z세대 사이에서 인기다. 29CM에서는 각종 브랜드의 이야기를 다루는 유튜브 채널 '브랜드 코멘터리'를 운영 중이다. 그중 가장 눈에 띄는 시리즈는 '당신이 다시 알아야 할 ○○ 브랜드의 비하인드 스토리'로 핫한 신진 브랜드를 주로 다룬다. Z세대는 이런 콘텐츠를 찾아보며 브랜드에 더 깊게 빠져든다. 그리고 소비를 넘어 자신을 브랜딩하는 데 인사이트를 얻기도 한다.

스몰 브랜드가 만들어지는 과정에 영감을 얻어 자신의 브랜드를

직접 브랜드를 만드는 '#브랜드창업' 콘텐츠_틱톡 valhalla0309

론칭하는 Z세대가 늘어나고 있다. 20대뿐만 아니라 10대도 도전하고 있다는 사실에 주목해야 한다. 스몰 브랜드는 유행보다 창업자의 개인적 지향성을 중심에 두고 그의 개성을 온전히 반영한다. 그래서 자신의 스타일을 브랜드화하고 싶어 하는 10대들이 창업 전선에 뛰어들고 있다.

　실제로 2023년 8월 기준 틱톡에서 #브랜드창업 해시태그의 조회 수가 200만 회를 훌쩍 넘었다. 그중 대다수는 중고등학생의 창업 일지다. 브랜드명, 로고 디자인 등 브랜딩 과정부터 도매업체에서 원단 살펴보기, 로고 프린팅 등 제작 과정까지 다룬다. 또 자신의 브랜드를 의류 플랫폼이나 사이트에 입점하는 과정, 고객 주문이 들어왔을 때 순서에 따라 처리하는 과정 등 브랜드 운영의 A부터 Z까지를 모두 콘텐츠로 공유한다.

Z세대가 창업하는 브랜드의 콘텐츠를 보면 또래의 피드백 댓글이 눈에 띈다. 실제 동업자는 아니지만 자신의 브랜드처럼 적극적으로 의견을 낸다. "흰 티에 마지막 캐릭터 그림을 넣는 게 더 나을 것 같아요", "본인만의 패턴이나 아이콘을 넣는 건 어떤가요?", "팔의 닻 모양이 마음에 들어요"라는 식의 조언을 해주는 것이다. 실제 브랜드를 만드는 Z세대도 콘텐츠를 올리며 디자인이나 운영 방향에 관한 피드백을 적극적으로 요청하기도 한다.

이들이 진행 과정부터 적극적으로 피드백을 수집하는 이유는 무엇일까? 첫 번째 이유는 결과보다는 과정에 방점을 두고 있기 때문이다. 이들의 목표는 브랜드의 성공이 아니다. 실제로 한 Z세대는 "이미 패션 브랜드는 과포화 상태라 성공하기 어려울 거다"라는 댓글에 "성공이 목표가 아니라서 상관없습니다"라는 답글을 달기도 했다.

물론 성공하면 좋겠지만 이는 자연스럽게 따라오는 결과일 뿐이다. Z세대의 목적은 브랜드 창업 과정에서 경험치를 쌓는 것이다. 제품 기획, 브랜딩, 마케팅 등 지금까지 해보지 않았던 경험으로 시야를 넓히고자 한다. 또 나의 취향을 담은 브랜드를 만드는 과정에서 관심사, 가치관 등 개인적 지향성을 파고들며 아이덴티티를 더 명확하게 정립하고자 한다.

Z세대가 피드백을 수집하는 두 번째 이유는 과정을 콘텐츠로 공유함으로써 만드는 트라이브의 영향력을 자연스럽게 체감했기 때문이다. Z세대는 같은 관심사를 가진 이들이나 또래와 함께 결과물에 대해 소통하면서 발전 포인트를 알아낸다. 개인의 시각으로는

발견하지 못했던 보완점을 찾고 퀄리티를 높이는 과정 자체가 Z세대에게는 즐거움이다. 브랜드가 성공하지 못해도 이를 경험한 것만으로도 가치가 있다고 생각하며 과정을 공유하고 소통하면서 다른 사람과 유대감을 느낀 것만으로 충분하다고 여긴다.

CHAPTER 6

달라진
덕질 문화

개인적 지향성을 기반으로 트라이브를 형성하는 현상에서 덕질 이야기를 빼놓을 수 없다. 2010년 중반부터 '개인의 취향'이 중요한 코드로 떠오르고 이를 존중하는 사회적 분위기가 생기면서, 무언가를 깊이 좋아하는 덕후라는 개념이 수면 위로 올라왔다.

그 이래로 아이돌, 캐릭터, 콘텐츠는 물론 패션, 뷰티, 취미 등 개인의 취향을 깊게 디깅하는 덕질 문화는 항상 마이크로트렌드의 중심 역할을 해왔다. 덕질은 무언가를 대가 없이 좋아하는 마음만으로 다양한 콘텐츠를 만들어내고 또 같은 취향을 가진 사람들이 한데 모여 소통하면서 새롭고 독특한 문화 현상을 만들어내는 강력한 트라이브의 원천이기 때문이다. 그런데 취향의 영향력과 경쟁력이 점차 강해지고 있는 요즘, 덕질의 위상도 달라지고 있다.

콘텐츠로 모이는 덕질 트라이브

덕질은 혼자 할 때보다 다른 사람과 같이 하면 더 깊고 넓게 팔 수 있다. 공감대를 나누고 희로애락을 함께할 수 있는 누군가가 있으면 더 즐겁게 지속할 수 있다. 자신의 취향으로 연결된 트라이브를 만들어 덕질을 한층 더 즐기기 위해 Z세대는 덕질하는 과정을 콘텐츠화해 공유한다. 덕질을 하는 행위 자체에 공감하고 연대감을 형성할 수 있기 때문이다.

대표적인 사례가 팬 브이로그다. 팬 브이로그란 특정 아이돌이나 콘텐츠를 덕질하는 팬의 일상을 담은 콘텐츠다. 과거 팬들이 만든 콘텐츠라고 하면 '직캠'이나 '퇴근길 영상'처럼 아티스트가 나오는 콘텐츠가 대부분이었지만 팬 브이로그는 다르다. 덕질의 대상보다 덕질을 하는 팬이 중심이다. 팬 미팅을 가기 위해 준비하는 모습, 팝업 스토어에서 사온 굿즈를 리뷰하는 모습, '앨범깡®'을 하는 모습 등 덕후라면 공감할 법한 일상을 주로 담는다.

그저 일반인이 덕질하는 모습을 담은 평범한 영상일 뿐 아닌가 생각할 수도 있겠으나 팬 브이로그는 의외로 인기 있는 영상 포맷 중 하나다. 팬 브이로그에는 덕질을 하면서 느끼는 즐거움과 실망감 같은 희로애락이 고스란히 담겨 있어 이를 보는 사람들도 진하게 공감하고 연대하기 때문이다. '마복필'이나 '쟈분젤'처럼 팬 브

● 구매한 앨범이나 음반의 포장을 뜯는 것

팬들의 덕질 일상을 담은 팬 브이로그_유튜브 윤로또

이로그로 Z세대 인플루언서가 된 경우도 있다.

주로 유튜브에서 볼 수 있었던 팬 브이로그는 숏폼 시대에 접어들며 '덕질로그'라는 모습으로 분화했다. 덕질로그는 말 그대로 덕질하는 모습을 기록한 브이로그인데, 주로 숏폼 콘텐츠에서 찾아볼 수 있다. 팬 브이로그와의 차이점은 팬 브이로그는 주로 아이돌을 덕질하는 모습을 담는 경우가 많지만 덕질로그는 아이돌과 더불어 브랜드, 작품, 취미, 취향 등 다양한 소재를 다룬다는 점이다. 아이돌 앨범깡뿐만 아니라 다이어리를 꾸미거나, 면 요리 덕후로서 면 요리를 먹으러 다니는 모습을 '#덕질로그' 해시태그를 달아 공유한다.

Z세대는 자신이 취미를 즐기거나 덕질하는 모습을 숏폼 영상으로 찍어 올리고, 해시태그로 다른 사람들이 올린 영상을 본다. 여기에 댓글로 소통하면서 유대감을 느끼고 따로 또 같이 함께 덕질한

덕질 일상을 공유하는 덕질로그_틱톡 nanisayhi_

다. 이런 덕질로그는 특히 틱톡에 활발하게 올라온다. 해시태그를 활용하면 쉽게 같은 관심사를 가진 사람을 찾아 소통할 수 있기 때문이다. 틱톡의 조사에 따르면 #덕질로그의 조회 수는 2022년 대비 2023년에 220만 6035%나 증가했다.[5] 여기서도 같은 관심사를 가진 사람과 트라이브를 맺는 데 적극적인 Z세대의 모습을 확인할 수 있다.

점차 커지는 덕질의 영향력

2023년 한 해 이슈였던 트렌드 현상들을 돌아보면 덕질의 영향력이 강해졌다는 것을 크게 체감할 수 있다. 2023년 화제가 된 콘텐츠로 애니메이션 〈더 퍼스트 슬램덩크〉(이하 〈슬램덩크〉)를 꼽을 수 있을 것이다. 〈슬램덩크〉는 2023년 8월 기준 누적 관객 수 469만 명을 기록하며, 〈스즈메의 문단속〉 개봉 전까지 국내에 개봉한 일본 애니메이션 중 흥행 1위를 달성했다.[6] 20년도 더 된 애니메이션이 이렇게 폭발적인 인기를 끈 이유는 무엇일까? 그 배경에는 거대한 덕질 트라이브가 있다.

"오늘 같이 '농놀'할 사람 모집합니다." 〈슬램덩크〉의 활약과 함께 Z세대 사이에서 유행한 밈이다. 농놀이란 '농구 놀이'의 줄임말로, 영화 〈슬램덩크〉를 여러 차례 관람하거나 원작 만화를 정주행하는 등 〈슬램덩크〉 관련 콘텐츠를 즐기는 것을 의미한다. 〈슬램덩크〉 콘텐츠를 바탕으로 덕질을 즐기는 것이 농놀이라는 신조어까지 탄생시킨 것이다.

농놀은 다양한 형태의 덕질로 나타났다. 캐릭터를 직접 그려 포토카드, 키링 같은 굿즈를 제작하기도 하고, 〈슬램덩크〉 캐릭터의 생일을 맞아 지하철에 옥외광고를 내걸거나 카페를 대관해 함께 생일을 축하해주기도 한다. 심지어 〈슬램덩크〉의 캐릭터 정대만과 이름이 같다는 이유로 부산에 있는 대만 요리 식당 정대만을 전국구 최고의 핫플로 만들어버리기도 했다.

더 나아가 농구를 소재로 한 네이버 웹툰 〈가비지타임〉에서 국내 프로 농구 경기까지 〈슬램덩크〉의 인기는 농구를 즐기는 행위 전체로 확장됐다. 덕질이 〈슬램덩크〉라는 콘텐츠 안에서만 머무는 것이 아니라 코드가 통하는 다른 관심사까지 확장되며 파급력을

〈슬램덩크〉 응원 상영회 인스타그램 sakura_gii

미치는 모습으로 나타났다.

〈슬램덩크〉 팬덤은 농놀이라는 거대한 덕질 트라이브십을 만들고 영향력을 확산해갔다. 이에 기업들도 덕질하는 환경을 제공하며 접점을 만들었다. CGV, 롯데시네마, 메가박스는 〈슬램덩크〉에 나오는 북산고 대 산왕공고 경기를 응원하며 영화를 즐길 수 있는 응원상영회를 개최했다. 또 더현대 서울에서는 국내 최초로 〈슬램덩크〉 첫 공식 팝업 스토어를 열어 다양한 한정판 굿즈를 선보였다. 〈슬램덩크〉를 유통하는 국내 출판사 대원씨아이도 서울국제도서전에서 단독관을 오픈하며 팬들이 농놀을 계속할 수 있도록 도왔다.[7]

이처럼 덕질 트라이브가 막대한 영향력을 미친 데는 같은 지향성을 바탕으로 한 정서적 연대의 힘도 있으나, 덕질에 대한 사회적인 이해가 늘어난 것도 한몫한 것으로 보인다. 이제 누구나 덕질 하나쯤은 하고 있다고 해도 과언이 아니다. 덕질에는 나이가 없다. 부모세대도 임영웅 같은 트로트 스타를 Z세대들이 아이돌 덕질하듯 즐긴다. 또 요즘에는 덕질을 현생에서 살짝 벗어나 재충전해주고 일상을 즐겁게 만들어주는 수단으로 여긴다. 덕질하는 사람이 늘고 이 행위에 대한 사회적 이해가 늘어나면서 덕질을 적극적으로 즐길 수 있는 환경이 마련된 것이다.

아이돌 팬덤 문화도 대중화되고 있다. 특히 Z세대를 중심으로 확산하고 있다. 특정한 아이돌의 팬이 아니더라도 팬덤 문화 자체를 또래 문화의 하나로 인식하고 함께 즐기기 때문이다. 팬이 아니라도 소속사가 자체 제작한 콘텐츠를 예능 콘텐츠처럼 소비하고, 사진을 찍을 때 아이돌들이 팬 사인회에서 선보이는 '깨물 하트'나 '고양이 하트' 같은 포즈를 취하기도 한다. 그렇다 보니 Z세대를 타깃으로 한 브랜드와 기업들이 아이돌 문화에서 파생된 Z세대의 트렌드에 관심을 갖기도 하고, 팬덤을 주 타깃으로 삼던 엔터테인먼트 업계가 타깃을 더 확장하기도 한다.

이제 아이돌 팝업 스토어는 '찐팬'이 아니더라도 가고 싶은 핫플레이스로 자리 잡았다. 과거 아이돌 팝업 스토어는 팬들을 위해 앨범이나 굿즈를 판매하는 공간이었지만 이제는 브랜딩 공간이 됐다. 아이돌의 세계관과 콘셉트에 공감할 수 있도록 색다르게 구성해, 열혈 팬뿐만 아니라 라이트 팬이나 일반인도 함께 즐길 수 있는 독특한 체험 공간이 됐다.

특히 아이돌 그룹 뉴진스의 팝업 스토어는 팬이 아니어도 가고 싶은 핫플레이스로 꼽힌다. Z세대 사이에서 인기 있는 브랜드나 친근한 캐릭터와 컬래버레이션해 뉴진스를 잘 모르더라도 찾고 싶게 만들었기 때문이다. 대표적 사례로 '젠틀몬스터'와 디저트 브랜드 '누데이크'의 협업이 있다. 이는 '가장 트렌디한 두 브랜드의 만남'이라며 컬래버레이션 자체로 큰 이슈를 끌었다.

이 컬래버레이션에서는 뉴진스의 상징인 토끼를 디자인한 케이크를 선보였다. 아이돌의 아이덴티티를 디저트로 풀어내 색다른 경험을 제공한 것이다. 이 행사는 누데이크의 독특한 케이크를 좋아하는 사람에게도, 뉴진스의 팬에게도 매력적으로 다가왔다. 유니크한 디자인 덕분에 론칭하자마자 케이크가 완판돼 못 구할 정도였다.

최근 마케팅 업계에서 화제였던 사례 중 덕질 문화의 영향을 받은 것이 많다. 덕질이 더 다양한 분야로 확산하고 대중화됐다는 증거다. 이처럼 Z세대가 만들어가는 트라이브에는 경계가 없다. 이제 코드만 통하면 덕질도 세대를 불문하고 함께할 수 있는 것, 골수팬이 아니어도 즐겨볼 만한 문화가 됐다. 즉, 덕질의 진입 장벽이 낮아지고 판이 커지면서 마이너하다고 여겨졌던 취향들이 폭넓게 향유되고 있다.

새로운 소비자 관계 구축 전략, 트라이브십

한때 '팬덤 마케팅'이 주목받은 적이 있다. 기업도 제품이나 서비스로만 소비자와 접점을 만드는 것을 넘어 기업이 추구하는 바를 느끼고 경험하게 함으로써 정서적인 유대감을 강화해야 한다는 전략을 앞세웠다. 이에 따라 기업과 브랜드는 다양한 방법으로 팬덤을 구축하고 유지하는 마케팅에 열을 올렸다.

유대감을 형성하는 것은 여전히 유효하지만 이제는 전략을 살짝 바꿀 필요가 생겼다. Z세대 소비자의 특성상 한 브랜드에 높은 충성도를 보이기는 어렵다. 앞서 살펴본 것과 같이 이들의 취향은 점점 더 뾰족해지고 세분되고 있으며, Z세대는 자신의 취향이나 관심사를 계속 탐구하며 지향점을 조금씩 바꿔나간다. Z세대가 중심이 되는 팬덤을 지속하려면 기업과 브랜드도 이들의 취향과 관심사가 변화하는 속도만큼 빠르고 다양하게 유대감을 쌓을 콘텐츠를 제공해야 한다. 하지만 한 기업이 이들의 모든 취향을 만족시키기에는 현실적으로 한계가 있다.

그래서 지금은 강하고 끈끈한 팬덤 하나보다는 수십 개로 나뉜 다양한 트라이브를 형성하는 것이 더 유효하다. 가능한 한 많은 소비자를 만족시킬 수 있는 메가 코드를 찾거나 끈끈한 유대감을 유지하기 위해 많은 자원을 쏟아붓지 않아도 된다. 기업과 소비자가 맞닿을 수 있는 작은 공감대를 다양하게 선보이는 것이 중요하다.

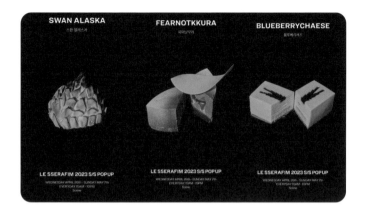

르세라핌 팝업 스토어 컬래버레이션 디저트_인스타그램 le_sserafim

큰 기업이어서 이런 다양한 면모를 보여주는 데 한계가 있다면 Z세대가 좋아하는 스몰 브랜드와의 컬래버레이션을 추천한다.

실제로 최근 대형 브랜드와 스몰 브랜드의 컬래버레이션이 늘고 있다. 뾰족한 취향을 기반으로 스몰 브랜드와 유대감을 쌓는 소비자들과 접점을 만들기 위해, 대형 브랜드들이 스몰 브랜드에게 러브 콜을 보내고 있는 것이다. 아이돌 그룹 르세라핌의 팝업 스토어 전략을 살펴보면 두 브랜드의 컬래버레이션이 가지는 의미를 파악할 수 있다. 르세라핌은 새 앨범 〈UNFORGIVEN〉의 발매에 맞춰 팝업 스토어 LE SSERAFIM 2023 S/S POP UP을 진행했다. 르세라핌은 원래 인기 있는 아이돌 그룹이기에 화제성이 상당했지만, 찐팬이 아닌 일반인의 구미를 당긴 것은 핫한 카페 브랜드들과 협업해 발매한 디저트였다.

팝업 스토어에는 멤버별 아이덴티티를 표현한 5종의 디저트가 있었는데, 각각 'JL 디저트바', '애니브', '재인', '라바즈', '세드라'라는 스몰 브랜드와 함께했다. 아마 이 브랜드를 들어본 사람보다 그렇지 못한 사람이 더 많을 정도로 규모는 작지만, 모두 디저트 덕후라면 심장이 뛸 브랜드들이다. 당시 각종 커뮤니티와 SNS에는 '디저트 라인 업 때문에 가고 싶다'는 반응이 쏟아졌다. 보통 아이돌 팝업 스토어라고 하면 팬들에게만 인기 있는 게 일반적인데, 이번 팝업 스토어는 트렌디한 스몰 브랜드와의 컬래버레이션으로 일반인에게도 방문하고 싶은 욕구를 자극했다.

르세라핌이 소비자와의 접점을 늘리기 위해 스몰 브랜드와 협업했다면, CJ고메는 스몰 브랜드의 트렌디한 이미지를 차용하고자 컬래버레이션을 진행했다. 삼각지에 있는 스탠딩 바 키보는 일본 현지 감성을 제대로 녹여낸 힙한 분위기로 Z세대에게 사랑받고 있다. 10평 남짓한 식당이지만 평일에도 1시간 넘게 기다려야 하며, 국내 단일 매장 기준 아사히 생맥주 판매량 1위를 기록한 핫플레이스다. CJ고메는 신제품 소바바 치킨을 출시할 때 키보에서 단 하루만 스페셜 메뉴로 선보였다. 이를 통해 방문객에게 신선한 브랜드 경험을 선사한 것은 물론 힙한 이미지도 얻었다.

트라이브십의 시대, 브랜드가 소비자와 좋은 관계를 유지하기 위해서는 변치 않는 로열티가 아니라 가볍고 호의적인 관계를 맺는 것에 방점을 둬야 한다. 요즘 소비자는 하나의 브랜드만을 파고들지 않는다. 다양한 브랜드를 경험하고 '찍먹'한다. 이런 소비자들의 작고 뾰족한 취향이나 라이프스타일과 맞닿은 경험을 제공하며, 가볍고 호의적인 트라이브를 쌓아가야 한다는 점을 기억하자.

ISSUE 2.

공간 애착

개인적 지향성과 맞닿은 공간을 향유하다

엔데믹으로 접어든 이후
소위 공간 마케팅의 전성시대가 펼쳐졌다.
한 주에 서울에서 열리는 팝업 스토어만 수십 개에 달하고
각종 전시나 페스티벌 등 야외 행사가 끝없이 열린다.
공간 소비에 누구보다 적극적인 Z세대는
다양한 경험이 있는 공간들을 찾아 주말마다 나선다.
트렌드가 빠르게 변화하고 있는 만큼
삼각지, 약수동, 금호동 등 성수동의 뒤를 이을
새로운 장소에 대한 관심 역시 뜨겁다.
유동 인구와 상권의 매출 금액을 비롯한
여러 데이터를 활용해 분석하더라도
Z세대의 선택을 받을 장소를 예측하기란 여간 쉽지 않다.
그러나 Z세대가 어떤 장소를 왜 방문하고
어떻게 소비하고 있는지 파악할 수 있다면
새롭게 인기를 얻을 장소에 대한 단서를
찾을 수 있지 않을까?
지금부터 Z세대가 어떻게 공간을 소비하고 있는지,
주목할 만한 특징은 무엇인지 살펴보자.

CHAPTER 7.

선명해지는
공간의 색채

"또 성수야?"

주말에 갈 만한 곳이 어디 없을까 싶어 인스타그램을 둘러보다 보면 이런 소리가 절로 나온다. 팝업 스토어가 열렸다 하면 성수인 경우가 많기 때문이다. 실제 성수에서 한 주에 열리는 팝업 스토어만 30~40여 개에 육박할 정도다.[8] 성수는 이제 새로운 공간 경험이 만들어지고 스트리밍되는 거대한 플랫폼처럼 느껴진다.

Z세대가 찾는 핫플레이스의 특징

색다른 공간 경험을 기획하고 제공하려는 창의적인 기업과 브랜드가 성수로 모인다. 이런 기업과 브랜드가 만들어낸 경험을 즐기려는 이들이 매주 성수를 찾는다. 이렇게 특정한 가치관과 지향성을

성수동에서 열리는 팝업 스토어 정보를 공유하는 계정_인 스타그램 paulseee

가진 이들이 한데 모여 지역 특유의 분위기와 이미지를 만들어간 다. 자신만의 창의성과 감각을 드러내고 색다른 경험을 즐기는 이 들이 모이는 곳으로서 성수라는 공간의 색채가 더욱 뚜렷해지는 것이다.

몇 년간 팝업의 성지로 불리며 이미지가 많이 소모됐는데도 여 전히 성수에서 수많은 팝업이 열리는 이유가 여기에 있다. 단순히 Z세대가 많이 찾는 핫플레이스라는 개념을 넘어 새로운 무언가가 있을 거라고 기대하게 하는 뚜렷한 지역색이 있는 공간으로 자리 잡은 덕이다.

성수뿐만이 아니다. 최근 Z세대가 주로 찾는 핫플레이스를 보면 저마다의 색채가 뚜렷하다. 단순히 사람들이 많이 모이고 맛집이 많은 곳을 찾는 게 아니다. 지역 고유의 색채와 그에 어울리는 정체성을 가진 브랜드가 만나 만들어내는 독특한 지역색과 분위기까지 함께 즐기는 것이다.

예를 들어 도산공원은 고급스러움과 힙한 분위기를 함께 즐길 수 있는 핫플레이스다. '에르메스', '디올' 같은 명품 브랜드 매장, 하이엔드 편집숍과 '스투시', '칼하트' 같은 스트리트 브랜드의 플래그십 스토어가 공존한다. 최근에는 스트리트 브랜드계의 명품인 '슈프림'도 도산공원에 자리를 틀었다. 이 외에도 젠틀몬스터같이 고급스러우면서도 감각적인 정체성을 가진 브랜드들과 F&B 브랜드 'GFFG'의 노티드도넛, 호족반, 다운타우너 같은 힙한 맛집이 한데 어우러져 압구정이나 청담과는 다른 특유의 분위기를 형성했다. 특유의 고급스럽고 여유로운 지역색과 해당 공간을 좋아하는 이들이 만들어내는 분위기까지 함께 즐기기 위해 Z세대는 도산공원을 찾는다.

북촌도 마찬가지다. 한옥이 많아 고즈넉한 북촌에는 이와 어울리는 분위기의 카페 브랜드들이 자리를 잡았다. 런던이라는 이국적인 분위기를 풍기면서도 북촌의 따뜻한 감성에 잘 녹아든 런던 베이글 뮤지엄, 한옥으로 만들어진 카페 어니언 등이 대표적인 예다. 또 북촌의 전통적이면서도 감각적인 분위기와 어울리는 '델픽', '오설록' 같은 프리미엄 티 브랜드의 매장도 만나볼 수 있다. 이 외에도 '설화수', '탬버린즈', '논픽션', '이솝' 같은 뷰티 브랜드도 북촌의 색과 어우러지는 플래그십 스토어를 운영하고 있다. 이렇게 지역색과 어우러진 브랜드들이 만들어내는 여유롭고 고즈넉한 분위기를 즐기기 위해 Z세대는 북촌에 간다.

이처럼 각 공간의 색을 뚜렷하게 만드는 브랜드들이 모여 특유의 분위기를 형성한다. 또 이를 추구하고 즐기려는 사람들이 꾸준히 그 공간을 찾고 소비하며 공간의 색채는 더욱 뚜렷해진다. 그렇다 보니 Z세대 사이에서는 '성수룩', '압구정룩', '홍대룩'처럼 동네별 패션 국룰이 존재하기도 한다. 각 동네가 가진 색채와 이를 즐기러 그곳을 찾는 사람들의 이미지가 확실히 구분돼 있기 때문이다.

이제 공간의 유행은 어떤 지역이 핫플레이스가 됐다 사그라드는 방식으로 이뤄지지 않는다. 개인이 자신의 아이덴티티를 선명하게 만들어가듯 공간과 지역이 가진 저마다의 색채가 점차 뚜렷해지는 방향으로 나아가고 있다.

이렇게 지역마다 개성이 뚜렷해지고 Z세대가 추구하는 취향, 가치관, 라이프스타일도 세분되면서 공간을 소비하는 행태가 달라지고 있다. '얼마나 많은 사람이 찾는 곳인지', '맛집이나 카페가 많은지'는 더 이상 최우선이 아니다. 특정 동네나 공간이 주는 고유한 분위기, 다시 말해 지역색이 Z세대의 발걸음을 이끌고 있다. Z세대는 지역색이 가득한 곳을 고리타분한 것이 아니라 힙한 것으로 인식한다. 뚜렷한 지역색이 있다는 것은 그 공간만의 오리지널리티와 희소성이 있다는 뜻이기 때문이다. Z세대는 지역색이 뚜렷한 공간을 소비하며 자신의 취향과 라이프스타일을 마음껏 드러내고 있다.

CHAPTER 8

Z세대가 소비하는 지역색이 담긴 공간의 특징

Z세대는 취향이나 가치관, 라이프스타일 등 개인적 지향성이 맞고 지역색이 뚜렷한 동네를 찾으며 그곳의 지역색을 선명하게 만든다. 이미 핫플레이스인 곳에서도 나만 발견할 수 있는 포인트를 발견하기도 하고 잘 알려지지 않은 숨은 장소를 찾아 디깅한다.

성수, 도산, 북촌 등 유명한 동네가 아닌 핫플레이스 근처의 위성 동네나 집 근처 작은 동네의 매력과 지역색을 스스로 발굴하기도 한다. 골목이 주는 낯섦, 숨은 공간의 독특한 감성 등 흔하지 않은 지역색을 매력적이라고 여기기 때문이다.

Z세대가 공간을 소비하는 방법과 그로 인해 새롭게 주목받는 공간들을 살펴보자.

새로운 지역색을 발견하다

'부암동' 하면 어떤 이미지가 떠오르는가? 아마 30~40대가 많이 찾고 북악스카이웨이를 따라 드라이브하면서 데이트를 즐기기 좋은 곳이라는 이미지가 떠오를지도 모른다. 대중교통 접근성이 좋지 않아 가족, 연인들의 드라이브 코스라는 인식이 강했던 서울시 종로구 부암동이 최근 Z세대 사이에서 핫플레이스로 떠오르고 있다. '도심 한복판에서 자연을 즐기며 힐링할 수 있는 동네'라는 지역색이 Z세대 사이에 형성됐기 때문이다. Z세대 커뮤니티 제트워크에게 요즘 뜨는 핫플레이스를 조사한 결과에서도 부암동의 인기를 확인할 수 있다.

> "부암동에 있는 목석원을 가고 싶어요! 얼마 전에 알게 된 공간인데 서울 종로에 사진 같은 자연 풍경을 만끽하고 힐링할 수 있는 곳이 있다는 게 너무 신기하고 좋아 보여요."_제트워크 시즌10 참여자 해리(Z8214)

> "고즈넉한 부암동을 좋아해요. 작지만 매력적인 가게들과 청운문학도서관, 환기미술관, 윤동주문학관 등 둘러볼 곳들이 많아서 추천해요!"_제트워크 시즌10 참여자 뚜벅쵸(E1016)

목인박물관 목석원과 청운문학도서관은 부암동에서 꼭 방문하고 싶은 공간으로 꼽힌다. 목석원은 가파른 경사의 골목길 끝에 위

서울시 종로구 부암동을 방문해 즐기는 Z세대_블로그 몽치

치한 전시 공간이다. 올라가기는 힘들지만 들어가면 푸릇푸릇하고 커다란 정원과 성곽길, 인왕산 전망이 한눈에 보인다. 청운문학도서관은 한옥으로 된 작은 도서관으로 열람실에서 책을 읽으며 잔잔하게 휴식을 취할 수 있다. 작은 정원의 정자에서 폭포와 나무가 어우러진 풍경을 즐길 수 있다는 점도 매력적이다.

부암동의 이런 공간들은 인스타그램과 같은 SNS로 알려졌다. 커다란 창밖으로 푸릇푸릇한 나무와 숲이 보이는 부암동의 공간들이 '서울 사람들도 잘 모르는 힐링 공간'이라는 타이틀을 달고 확산하기 시작한 것이다. Z세대는 이런 콘텐츠를 통해 도심에서 자연 경관을 보면서 휴식할 수 있다는 부암동의 새롭고 특별한 지역색을 발굴하고 이를 매력적으로 여기며 적극적으로 소비하기 시작했다. 그리고 여기에 더해 부암동에 미술, 문학 등 다양한 예술이 함께 공존한다는 것이 알려지면서 자연과 문화 공간을 함께 즐기기 위해

신당동의 스토리를 콘셉트로 삼은 칵테일바 주신당_블로그 지우짱

찾는 곳으로 역할이 다각화됐다. 전시를 관람하거나 고즈넉한 분위기를 즐기기 위해 서촌과 북촌을 주로 찾던 Z세대가 근처 부암동까지 발길을 뻗은 것이다.

또 새로운 지역색으로 주목받는 공간이 있다. 최근 Z세대 사이에서 '힙당동'이라고 불리는 서울시 중구 신당동이다. 신당동에 관심이 높아진 이유는 여러 가지다. 유명 연예인, 인플루언서들이 거리와 맛집을 소개해서이기도 하지만 성수동, 한남동처럼 이미 유명해질 대로 유명해진 동네에서 주변 동네로 시선을 돌려 새로운 지역색을 가진 공간을 디깅하겠다는 니즈도 한몫했다.

Z세대가 신당동에 관심 갖는 이유는 이곳이 고유의 독특한 지역색을 가지고 있기 때문이다. 동대문 옆에 자리한 신당동은 본래 도

성 밖으로 나온 망자의 명복을 빌기 위해 무당들이 모여 굿을 하던 동네. 해방 이후에는 배고픈 사람들이 모여들며 서울중앙시장이 형성됐다. 한때 서울중앙시장은 서울 전체 쌀 소비량 중 70% 이상을 유통하는 시장이었다. 이런 배경으로 신당과 주택, 공장과 상점, 양곡 창고 등이 공존하는 독특한 공간이 형성돼 있다.[9]

이런 배경으로 만들어진 신당동의 지역색을 녹인 가게들도 Z세대의 선택을 받고 있다. 먼저 조선시대 무당촌이었던 신당동의 역사를 재해석한 콘셉트의 칵테일바 주신당이 있다. 기와와 목재 건물, 빨간색 글씨로 새겨진 간판 등 외관부터 무속신앙의 인상을 준다. 내부에도 점집 분위기가 나는 아이템과 조명을 배치했다. 인테리어뿐만 아니라 메뉴도 콘셉트를 맞췄다. '원숭이 칵테일', '양 칵테일' 등 12지신을 차용해 방문객이 자신의 출생 연도에 맞춰 칵테일을 주문하기도 한다.

이 밖에도 베이커리 카페 심세정과 카페 겸 바 아포테케리 역시 신당동의 스토리를 담은 공간이다. 두 곳 모두 쌀 창고를 개조해 만들었으며, 주요 골조를 그대로 유지해 독특한 공간미와 신당동 특유의 색채를 느낄 수 있다.

▼

과거와 현재가 블렌딩된 공간

Z세대는 핫플레이스가 아니라 다른 세대가 주로 찾던 공간이나 핫플레이스 옆 작은 위성 동네에서도 지역색을 발굴해 소비한다. 이

런 공간에는 특징이 있다. 바로 과거와 현재가 공존해 그 지역의 고유한 색채가 온전히 살아 있다는 점이다. 2010년대 중반 MZ세대의 핫플레이스로 주목받았던 서울시 종로구 익선동을 기억할 것이다. 좁은 골목과 한옥이라는 과거의 색다른 정취는 살아 있지만 그 안에 있는 맛집과 카페들은 모두 새롭게 기획된 트렌디한 지역이다. 성수 역시 옛 공장터는 남아 있으나 오랫동안 영업 중인 노포는 찾아보기 힘들다.

반면 오래된 시장과 노포, 터를 잡고 살아가는 사람들이 있는 공간에는 그 지역의 고유한 색채가 온전히 남아 있다. 이런 공간의 지역색을 Z세대는 꾸며지지 않은 진짜로 여긴다. 새롭게 재해석된 지역색이 아닌 원래 그 공간의 색채를 즐기고자 하는 Z세대는 과거와 현재가 블렌딩된 동네를 찾는다. 앞서 소개한 힙당동도 이런 사례다. 서울중앙시장과 과거 쌀가게가 모여 있던 싸전골목을 중심으로 힙당동의 핫플레이스가 형성되고 있다. 그렇다 보니 오랫동안 영업하고 있는 노포와 힙한 맛집이 공존해 독특한 분위기를 자아낸다. 또 젊은 세대가 중심인 핫플레이스와는 다르게 예전부터 이곳을 찾아온 50~60대도 함께 공간을 향유한다는 점이 특징이다. 과거와 현재가 절묘하게 블렌딩된 공간에서 Z세대는 고유한 지역색과 함께 재해석된 색다른 정취를 함께 느끼고 소비한다.

또 다른 예로 서순라길을 들 수 있다. 종묘 서쪽 담장을 따라 종로 귀금속 거리에서 창경궁까지 이어지는 길이다. 한쪽으로는 종묘의 돌담이 자리하고 다른 한쪽에는 이색적인 가게들이 모여 있다. 과거에는 그저 돌담을 따라 산책하기 좋은 곳 정도의 이미지였지만

2019년 무렵부터 카페, 공방 등이 생기며 활성화되기 시작했고, 지금은 Z세대의 핫플레이스 중 하나로 손꼽힌다.

서순라길 역시 신당동처럼 Z세대와 다른 세대가 함께 향유하는 공간이다. 서순라길의 유동 인구를 살펴보자. 결제 금액 데이터에 따르면 서순라길에서 가장 많이 지출한 세대는 40대 남성의 비율이 22.4%로 가장 높았고, 뒤이어 30대 남성(16.95%), 50대 남성(16.73%)이었다.[10]

이처럼 Z세대는 젊은 층만 가득한 곳을 힙한 곳이라고 생각하지 않는다. 재해석된 뉴트로뿐만 아니라 진짜 레트로가 남아 있고 다른 세대도 자연스럽게 찾는 공간에서 오랫동안 보존된 지역색을 진하게 느낀다. 그리고 이런 고유한 지역색이 남아 있는 공간을 오리지널리티가 있는 공간이자 희소한 가치가 있는 곳이라고 생각하며 적극적으로 향유한다.

광장시장을 필두로 망원시장, 경동시장 등 서울 내 위치한 전통시장에서는 남녀노소 다양한 세대가 함께하는 모습을 볼 수 있다. 특히 발걸음을 옮길 때마다 스마트폰으로 인증 사진을 남기는 Z세대의 모습이 눈에 띈다. 인스타그램 채널에 '#전통시장'을 검색하면 무려 10만 건 이상의 게시글이 확인된다. BC카드 신금융연구소에서 분석한 전통시장 5개년(2019~2023년) 1~4월 매출을 보면 2020년을 제외하고 꾸준하게 상승 중이다. 나아가 더본코리아 백종원 대표가 직접 시장 활성화 사업에 참여해 화제가 된 충남 예산시장은 MZ세대 방문 증가율이 무려 934%였고,[11] 강릉 중앙시장의 전통 디저트 매출은 60%나 급증한 것으로 나타났다.[12]

Z세대가 전통시장을 찾는 것은 단순히 레트로 감성을 추구하기 때문만은 아니다. 과거의 정취와 스토리가 가득한 동네, 골목길과 노포가 공존하고 그 지역을 거점으로 생활하는 사람들의 모습이 녹아 있는 전통시장은 각색되지 않은 지역색을 온전히 느낄 수 있는 공간이다.

Z세대가 매력을 느끼는 전통시장의 지역색을 트렌드와 잘 조합한 사례가 있다. 광장시장은 서울 3대 종합시장 중 하나로 100년이 넘는 역사와 스토리를 갖고 있다. 빈대떡, 육회 같은 'K-푸드'뿐만 아니라 트렌디한 그로서리 스토어와 와인바까지 갖추고 있어 Z세대의 관심을 꾸준히 받고 있다. 대학내일20대연구소는 《Z세대 트렌드 2023》에서 '핫플레이스=성수'의 공식을 깬 사례로 광장시장에 자리한 그로서리 스토어 365일장을 소개한 바 있다. 그리고 이 공간에 2023년 상반기 핫플레이스로 손꼽힌 팝업 스토어가 열렸는데 주최자는 바로 제주맥주다.

제주맥주는 2023년 5월부터 약 한 달간 광장시장에서 제주위트 시장-바 팝업 스토어를 개최했다. 1층에는 포토존, 제주맥주 상품과 굿즈를 판매하는 공간, 4층과 루프탑에는 팝업 스토어 이름을 군데군데 배치해 인증샷 촬영 공간을 마련했다. 제주맥주는 팝업 스토어를 열며 365일장을 비롯한 광장시장의 유명 점포들과 협업을 진행했다. 365일장 자리에 제주위트에일을 비롯한 주류 상품과 굿즈를 판매하고 포토존을 설치했다. 그뿐만 아니라 공간을 힙하게 꾸미고, 맥주를 전용 미니잔에 담아 '약카롱(약과+마카롱)', 육전, 닭강정 등과 함께 세트 메뉴로 구성하면서 Z세대에게 호평을 받았

❶ 서울 광장시장에서 열린 제주맥주 팝업 스토어 제
주위트시장-바_인스타그램 jejubeerofficial
❷ 제주위트시장-바를 즐기는 Z세대_블로그 이보햇님

다. 또 굿즈숍을 슈퍼마켓처럼 꾸미고 마트 전단지 같은 홍보물을
비치해 Z세대의 감성을 공략하고, '로컬 미식 여행'이라는 콘셉트
에 따라 광장시장 내 다른 상점에서 포장해 온 음식의 반입을 허용
해 기존 상점들과 시너지 효과를 냈다. 팝업 스토어에 브랜드의 색
만을 담아낸 것이 아니라 로컬이라는 콘셉트에 맞게 시장 전체를
경험하면서 광장시장이라는 공간이 주는 지역색을 온전히 느낄 수
있도록 한 측면이 성공 요인으로 분석된다.

CHAPTER 9

Z세대가 공간에 애착을 형성하는 방법

특정 동네와 공간이 가진 색채에 애정을 가지면서 Z세대가 공간을 향유하는 방식이 달라지고 있다. 한두 번 방문하고 마는 것이 아니라 내 취향이나 가치관, 라이프스타일과 맞는 부분이 많은 공간을 꾸준히 방문하며 새로운 매력을 찾아내는 것이다.

공간을 디깅하는 Z세대는 지역색을 다양하게 즐기며 자신과 지향점이 맞는 공간에 애착을 형성한다. 구석구석 숨은 매력을 찾기 위해 N차 방문도 마다하지 않는다. 핫플레이스가 아니어도, 거주지와 가깝지 않더라도 시간을 내서 찾아간다. 물리적 경계를 뛰어넘어 공간에 애착을 쌓고 소비하는 Z세대의 모습을 살펴보자.

'로컬 인플루언서'가 형성한 지역 커뮤니티와 관계 맺기

공간을 디깅하는 Z세대 사이에서 떠오르는 인플루언서가 있다. 바로 특정 동네에 거주하며 그곳의 맛집이나 카페, 포토존 등 핫플레이스 정보를 제공하는 로컬 인플루언서다. Z세대는 단순히 온라인에서 유명하다는 핫플레이스만 찾는 것이 아니라, 동네를 n차 방문하고 유명한 공간이 아니더라도 방문하면서 나만 알 수 있는 공간의 매력을 찾고자 한다. 이 과정에서 적극 참고하는 것이 바로 로컬 인플루언서가 제공하는 정보다. 그 지역에 거주하며 유명한 공간뿐만 아니라 지역의 숨은 명소나 매력적인 공간을 함께 소개해주기 때문이다.

'도보마포'는 서울시 마포구의 정보를 전하는 로컬 인플루언서다. 이 계정 운영자는 마포구에 거주하면서 자신이 직접 찾아낸 공간들을 소개한다. 맛집, 카페만을 소개하는 것이 아니라 동네 책방, 소품 가게 등 다양한 장소를 업로드하며 그 가게의 고유한 스토리와 취향을 공유한다. 특히 주목할 점은 본인이 찾아낸 공간뿐만 아니라 마포구에서 가게를 운영 중인 사장님이나 직장인, 주민 등 진짜 마포인들이 추천하는 공간 정보를 전한다는 점이다. 진짜 거주하는 사람들의 추천을 통해서 정보의 신뢰도도 높이고, 누구나 아는 핫플레이스가 아닌 진짜 거주민들이 즐겨 찾는 공간을 소개한다는 점이 매력적이다.

'도추코(도보마포 추천 코스)'가 대표 콘텐츠인데, 여기서는 이른바

마포에 대한 모든 것이 담겨져 있는 도보마포_인스타
그램 dobomapo

'마포력'이 높은 사람들이 추천하는 장소를 만나볼 수 있다. 마포구 25년 차 주민이 추천하는 백반집, 마포구 벚꽃을 제대로 느낄 수 있는 코스, 망원동살이 5개월 차 강아지가 추천하는 댕댕이가 좋아하는 공간 등 마포의 구석구석을 다채로운 시각으로 느낄 수 있는 정보가 가득하다.

또 도보마포는 마포 지역의 사장들과 협업해 팝업 스토어를 열기도 한다. 2023년 6월 진행한 도보마포 팝업 스토어에는 육장, 도덕과 규범, 녹기전에, 연희동 국화빵이 참여했다. 마포를 기반으로 지역색을 만들어가고 있는 가게가 한데 모여 색다른 경험을 제공한 점이 주목할 만하다. 이렇게 Z세대는 지역의 매력을 전하는 로컬 인플루언서의 콘텐츠를 보며 해당 지역의 숨은 명소와 매력을 발견하고 애착을 키운다.

작은 동네의 구석구석을 알아가고 지역색을 발굴하려는 노력을 살펴볼 수 있는 곳이 또 있다. 성수동처럼 예스러운 골목 분위기를 가진 서울시 광진구 자양동이다. 자양동은 서울에서 몇 안 되는 재개발이 되지 않은 한강 근처 동네다. '성수=커피', '을지로=노포'처럼 콘셉트가 아직 명확하지는 않지만, 최근 자양동의 카페구들을 중심으로 '#자리단길'이란 해시태그가 Z세대 사이에서 확산하고 있다. 실제로 카페구들을 방문하면 가게 앞에 자리단길 명패가 붙어 있는데, 주변 가게들의 자발적인 참여로 최근 자리단길 16호점까지 생겼다. 이런 정보를 모아 제작한 동네 콘텐츠가 바로 '자양여지도'란 동네 소개 지도다. 자양동을 방문하는 Z세대 소비자들은 자양여지도로 자양동 구석구석을 탐방하며 재미를 느끼고 있다.

단순히 남들은 모르는 핫플레이스 정보만을 찾고 소비하는 것이 아니라, 애착을 갖는 동네에 자발적으로 커뮤니티를 형성하거나 해당 지역의 주민이나 로컬 크리에이터가 주도하는 커뮤니티에 참여해 동네에 친밀감을 형성하기도 한다.

대표적인 사례로 로컬 인플루언서 '제레박'이 만드는 커뮤니티를 들 수 있다. 제레박은 대표적인 로컬 인플루언서 중 한 명으로 성수를 소개하는 인스타그램 계정을 운영한다. '#제레의뚝섬살기', '#성수교과서' 등 고유한 해시태그로 성수의 신상 핫플레이스나 새로

성수동의 정보를 공유하는 로컬 크리에이터 _인스타그램 zele._.park

열린 팝업 스토어 등을 소개한다. 그리고 여기서 그치지 않고 성수라는 지역을 기반으로 다양한 커뮤니티를 만들어간다. 성수 지역 정보를 나누는 오픈채팅방 '성수동 백과사전'을 운영하며 성수에 대해 알고 싶은 이들과 활발하게 소통한다. 오프라인에서는 성수 지역을 기반으로 'SSJ 모닝클럽(서울숲 쓰레기 줍기 모닝클럽)'을 운영 중이다. 친목 활동뿐만 아니라 '플로깅Plogging' 같은 다양한 활동을 이어가며 지역 커뮤니티를 형성하고 있다. 지역 내 숨은 맛집, 장소를 공유하는 것을 넘어 온라인과 오프라인으로 커뮤니티를 형성함으로써 지역과 해당 지역을 알고 싶어 하고 애착을 갖는 이들을 연결하는 모습이다.

사는 사람이 아닌 머무는 사람이 되기

Z세대는 지역이 가진 색채와 그 지역을 향유하는 사람들과 코드가 맞는 부분이 있다면 언제든 연결될 준비가 돼 있다. 그 범위는 단순히 내가 사는 동네나 생활권과 가까운 곳에 한정되지 않는다. 차로 5시간은 달려야 도착하는 작은 산골 마을이나 비행기를 타고 가야 하는 해외의 작은 동네일 수도 있다. 나의 취향, 라이프스타일 같은 개인적 지향성과 부합하기만 한다면 물리적 거리는 큰 장벽이 되지 않는다.

그렇다 보니 여행의 양상도 달라지고 있다. Z세대는 여행할 때 단순히 명소만 찾아가지 않는다. 여행에서도 그 지역이 가지고 있는 색채를 온전히 즐기기를 원한다. 핫플레이스에서도 남들은 모를 법한 숨은 공간과 명소를 찾았듯, 여행지에서도 그 지역과 동네의 숨은 공간을 방문하며 색다른 매력을 찾고자 한다. 또 그 지역 사회의 문화와 지역민의 라이프스타일을 체험하고자 한다.

따라서 Z세대에게 어떤 지역의 랜드마크는 대형 서점이 아닌 동네 책방이, 프랜차이즈 카페가 아닌 외진 골목에 있는 백반집이 될 수도 있다. 자신의 개성과 취향을 닮은 곳을 찾아다니며, 같은 곳을 여러 차례 방문하고 특정 지역에서 한 달간 머무르기도 한다. 이처럼 Z세대는 특정 공간의 스토리와 자신의 라이프스타일을 맞춰나가는, 다시 말해 지역색과의 조화를 추구하며 지역과 관계를 맺고 애착을 형성한다.

지역색이 뚜렷한 여행지를 찾는 Z세대의 발길을 이끄는 지역이 바로 강원도 양양이다. 양양의 대표적인 지역색은 '서핑'이다. 서핑이라는 비슷한 취미를 가진 사람들이 모이며 '서퍼 비치'가 만들어지고, 이를 중심으로 커뮤니티가 형성돼 하나의 지역색으로 자리잡은 것이다. 국내 최초 서핑 전용 해변인 서퍼 비치에서는 사시사철 서핑을 즐기러 온 20~30대를 쉽게 찾아볼 수 있다. 서핑이라는 지역색을 바탕으로 양양은 핫플레이스로 주목받고 있다.

기업과 브랜드에서도 양양에 관심이 많다. 양양 서퍼 비치에서는 유통업계를 포함한 다양한 브랜드 팝업 스토어가 열린다. 특히 양양 서퍼 비치의 분위기와 잘 어울리는 F&B 브랜드가 홍보에 적극적이다. 2023년 여름에는 맥주 밀러를 맛보고 DJ 공연도 즐길 수 있는 밀러 비치 바가 하조대 해변에 열렸다. LA에서 온 샌드위치 브랜드 에그슬럿도 LA 베니스비치점의 분위기를 양양에서 재현했다. LA의 이국적인 느낌을 살린 것이 양양의 지역색과 잘 어우러졌고 서울에서만 즐길 수 있던 브랜드를 지방에서도 접할 수 있다는 점 때문에 주목받았다.

최근 양양은 잠깐 방문하는 곳이 아닌 오래 머물기 좋은 지역으로도 인기를 얻고 있다. 서핑이라는 뚜렷한 지역색을 바탕으로 비슷한 관심사나 라이프스타일을 가진 사람들이 꾸준히 양양으로 모이고, 기업과 브랜드에서도 이곳에 관심을 쏟으며 즐길 거리가 더 늘어나고 있기 때문이다. 양양에 머물 수 있는 공간을 만든 기업의 행보도 눈에 띈다.

일룸의 사무 가구 브랜드인 '데스커'는 양양에 '워케이션Workation'

양양에 오픈한 데스커 워케이션 센터를 이용 중인 모습_블로그 디에고

센터를 개장했다. 이곳에서는 데스커 가구로 꾸며진 코워킹 스페이스와 워케이션 가든 등 총 세 군데 시설을 이용할 수 있다. 조향 클래스, 브루어리 클래스 등 취향에 따라 다양한 클래스를 요일별로 수강할 수 있는 것도 특징이다. 양양의 지역색을 체험하면서 비슷한 지향성을 가진 여행자나 지역 주민과도 교류할 수 있게 한 것이다.

이처럼 머물 수 있는 장소와 콘텐츠도 중요하지만 무엇보다 비슷한 지향성을 가진 사람들이 모일 수 있도록 커뮤니티를 만드는 것이 중요하다. 양양이 핫플레이스로 뜨게 된 계기는 결국 처음에 함께 서핑을 즐기던 작은 커뮤니티다. 이런 지역 커뮤니티가 먼저 만들어져야 지역 트라이브가 생명력을 가지고 이어진다.

여기서 이야기하는 커뮤니티는 동네 주민 모임같이 정기적인 모임이나 뚜렷한 형태를 갖추지 않아도 괜찮다. 실제 교류나 관계를 형성하지 않더라도 이 지역은 이런 취향과 라이프스타일을 가진 사람이 모이는 곳이라는 이미지를 만드는 것으로 충분하다. 예를 들면 IT 개발자들이 워케이션을 하기 위해 모이는 곳, 커피가 취미인 사람들이 모이는 곳 등 이 지역에는 이런 직업, 취향, 라이프스타일을 가진 사람들이 모인다는 이미지가 곧 지역색으로 이어진다.

지역색이 뚜렷한 공간을 계속해서 다시 찾고 머물기까지 하는 모습에 주목해야 하는 이유는 이런 공간 소비 행태가 지방 인구에 대한 새로운 패러다임을 제시해서다. 최근 한국 사회의 문제 중 하나는 '인구 감소'다. 이미 오래전부터 지방은 인구 감소를 심각한 수준으로 체감하고 있다. 한국고용정보원에 따르면 2023년 2월 기준으로 전체 시·군·구 228곳 중 52%가 지방 소멸 위험 지역이며, 특히 현재 인구 감소를 겪고 있는 89개 지역 중 84개 지역이 일반 농어촌 지역에 해당하는 것으로 나타났다.[13]

보통 한 지역의 인구라 하면 '정주定住 인구*'의 개념을 떠올린다. 그러나 최근 지방 소멸 위기에 따라 새로운 인구 개념이 주목받고 있는데, 바로 관계 인구 또는 '생활 인구**'다. 관계 인구란 특정 지역에 완전히 이주하거나 정착하지는 않았지만 정기적·비정기적으로 지역을 방문하면서 지속적인 관계를 유지하는 사람을 의미한다. 생활 인구도 이와 비슷하다. 해당 지역에 살지 않더라도 자신의 취향이나 라이프스타일과 맞는 지역색을 쫓아 그 지역을 여러 차

---

* 특정 지역에 3개월 이상 거주하고 있는 인구로, 인구조사에서 기본이 되는 개념
** 거주가 아닌 생활 중심의 인구로, 정주인구에 통근, 통학, 휴양, 업무 등 특정 목적 체류자와 외국인을 모두 포함하는 개념

례 방문하고 워케이션이나 한 달 살기 같은 형태로 머묾으로써 지역의 인구 문제를 해소할 수 있는 대안이 될 수 있다.

지방이나 작은 동네에서도 시각을 바꿔 분명하고 특색 있는 지역색을 발굴하려는 시도를 해봐도 좋겠다. 지역색이라고 하면 단순히 지역 특산품을 살리는 등 고유의 색을 살리는 데 매몰되는 경우가 많다. 그러나 단순히 전통적이라고 해서 Z세대나 젊은 층이 지역에 매력을 느끼는 것은 아니다. 같은 지역에서도 자신이 공감할 수 있는 매력과 특색을 발견한다. 소비자들이 매력을 느끼는 포인트는 의외의 것일 수 있다. 부암동이 자연 풍경을 즐기기 좋은 힐링 명소로 뜬 것이나, 양양이 서핑을 하기 좋은 곳으로 뜬 것처럼 예상치 못한 지역색을 찾아보자.

지역색에 새로운 관점으로 접근한 사례가 있다. 2023년 1월 1일부터 전국 243개 지자체에서 새롭게 시행되는 제도로 '고향사랑기부제'다. '고향'이라는 단어 때문에 자신의 출신 지역에만 기부하는 제도로 오해할 수 있겠으나, 거주지 외 모든 지역에 기부할 수 있는 제도다. 주민등록상 주소지를 제외하고 원하는 지자체에 기부를 하면 세액공제와 함께 지역 특산물로 구성된 답례품을 혜택으로 받을 수 있다. 지역 경제를 활성화하고 국가 균형 발전에도 도움을 주면서 건전한 기부 문화를 조성하기 위한 목적으로 만들어진 제도다.

고향사랑기부제를 이용하면 한우, 인삼 같은 지역 고유의 농축산품 외에 다양한 답례품이 제공된다. 서울시 성동구에서 준비한 이색 답례품이 대표적인 사례다.

'성동구' 하면 어떤 이미지가 대표적으로 떠오르는가? 개인차가 있긴 하겠지만 '패션', '핫플' 같은 성수동의 이미지가 연상될 것이다. 그런 성동구가 고향사랑기부제의 답례품으로 제시한 것은 바로 문화 상품이다.

그중에서도 특히 '광야˙ 투어'라고 불리는 SM 사옥 투어 프로그램이 Z세대 사이에서 화제다. SM 엔터테인먼트는 2021년 7월 성동구로 신사옥을 이전하면서 성동구의 랜드마크가 됐다. 그리고 성동구가 사내 스튜디오, 직원들의 커뮤니케이션 공간, '송캠프˙˙' 등 SM 엔터테인먼트의 사옥 구석구석을 경험할 수 있는 도슨트 투어를 답례품으로 제공하면서 Z세대의 이목을 집중시켰다.

성동구의 또 다른 답례품으로는 서울의 대표적인 음악 축제라 할 수 있는 서울숲 재즈 페스티벌의 공연 관람 쿠폰이다. 서울숲 재즈 페스티벌은 서울 한복판의 숲이라는 이색적이고 매력적인 공간에서 열린다는 점과 재즈를 전면에 내세운 점이 여타 페스티벌과의 차별점이다. 자연과 휴식을 제공하는 서울숲과 다양한 세대를 연결하는 소통의 장인 재즈를 동시에 누릴 수 있는 매력적인 답례품이다. Z세대는 특정 지역에서만 경험할 수 있는 스토리와 콘텐츠를 하나의 지역색으로 인식하기 때문에 성동구의 이런 시도는 지역색에 새로운 가능성을 제시했다.

• SM 엔터테인먼트의 자체 세계관인 'SMCU SM Culture Universe'의 핵심 개념으로, 2020년 10월 시작된 SM 아티스트의 세계관을 연결해 팬들에게 몰입과 새로운 즐거움을 주는 복합 문화 프로젝트

•• SM 엔터테인먼트에서 최초로 운영한, 여러 작곡가가 합숙하듯 곡을 작업하는 방식

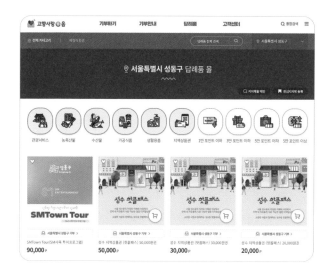

서울시 성동구에서 제공하는 답례 물품 목록_고향사랑e음

　　더 나아가 성동구는 모바일 플랫폼 기업과도 업무 협약을 체결
해 '성수 핫플패스'를 답례품으로 제공하고 있다. 성수 핫플패스는
서울 3대 상권으로 꼽히는 성수동 일대 인기 카페와 식당에서 자유
롭게 사용할 수 있는 모바일 상품권이다. 이처럼 특산물이나 전통
에 국한되지 않고 지역이 가지고 있는 고유 콘텐츠와 이 지역을 찾
는 사람들이 어떤 것을 기대하고 오는지를 종합적으로 고려해 특
색 있는 지역색을 발굴할 필요가 있다.

이제는 '어디'가 아닌 '어떻게'와 '왜'에 집중해야 할 때

트라이브십의 시대, Z세대가 공간을 소비하는 양상도 달라졌다. 공간이 가진 고유한 색채인 지역색이 중요해지고 있고, 그 지역색이 개인의 지향성과 맞는다면 그 지역에 살지 않더라도 물리적인 경계를 넘어서 애착을 갖고 관계 인구처럼 지역과 트라이브를 형성하기도 한다. 이런 트라이브는 지역색을 더욱 도드라지게 하고, 지역과 동네에 활력을 불어넣는다. 더 나아가서는 해결이 불가능해 보였던 지방의 인구 감소 문제를 완화할 수 있는 실마리가 될지도 모른다.

각 지역이 저마다의 뚜렷한 지역색을 만들어가고, 소비자도 색다른 지역색을 찾아 공간을 디깅한다. 이전에는 공간 마케팅을 기획할 때 성수나 연남동과 같이 팝업의 성지로 유명한 공간들을 택하면 충분했지만 이제는 그런 선택이 반드시 흥행을 보장하는 것은 아니다. 기업이나 브랜드가 추구하는 지향점과 공간과 그 공간을 찾는 사람들이 가진 색채가 맞지 않는다면 브랜드가 전하고자 했던 가치를 제대로 전할 수 없기 때문이다. 핫플레이스라고 해서 무분별하게 진출했다가는 그 지역이 갖는 고유의 매력이 사라질 수도 있다.

반면 공간이 가진 색채와 브랜드가 추구하는 지향점, 또 그 공간을 찾는 사람들의 특색이 어우러졌을 때 시너지를 낸다. 로컬이라는 색을 살려 지역색이 강한 광장시장에 팝업 스토어를 연 제주맥주나 LA에서 온 브랜드라는 점을 살려 서퍼 비치에 LA 느낌이 물씬 나는 팝업 스토어를 연 에그슬럿이 그 예다. 이처럼 우리 브랜드가 가진 지향점과 가치를 잘 알고 그에 맞는 지역을 선택하는 것이 중요하다.

이와 더불어 지역 입장에서도 기업을 유치하거나 사업을 진행할 때 금전적인 이득뿐만 아니라 지역색까지 고려해서 조성해야 한다. 지역색과 어울리는 기업과 브랜드들이 들어오고 그와 개인적 지향성이나 라이프스타일이 비슷한 사람들이 모이며 지역 트라이브가 형성된다. 이런 생태계가 만들어져야 그 지역이 지속성을 가지고 갈 수 있다는 점을 기억하자.

ISSUE 3.

챗 커뮤니티

더 뾰족하게,
더 긴밀하게 소통하다

우리는 이미 수많은 트라이브에 걸쳐 있다.
카카오톡 오픈채팅에서 코드가 통하는 사람들과
실시간으로 소통한다. 평소 즐겨 보던 유튜브 채널과
인플루언서의 계정에서 팬네임으로 불리고,
좋아하는 브랜드와 꾸준히 소통하며
작은 커뮤니티를 형성한다. 그리고 이런 트라이브는
더 작고 좁은 관심사와 라이프스타일로 분화하며
더 마이크로하고 사적인 커뮤니티가 되고 있다.
그냥 서울이 아닌 성수나 신당같이 특정 동네를 좋아하는
사람들이 모인 오픈채팅에서
날것의 정보를 실시간으로 얻고,
인스타그램 공지 채널로 좋아하는 인플루언서의
소식을 DM처럼 받아본다.
더 작고 좁은 지향성을 중심으로 모여
내밀하게 소통하는 요즘 커뮤니티의 모습을 살펴보자.

CHAPTER 10

게시판 커뮤니티에서
챗 커뮤니티로

'온라인 커뮤니티'라고 하면 무엇이 떠오르는가? 디시인사이드나 뽐뿌, 더쿠처럼 자체적인 웹사이트를 가지고 있는 커뮤니티나 네이버 카페, 다음 카페와 같이 포털에 속한 커뮤니티를 주로 떠올릴 것이다. 블라인드, 에브리타임* 처럼 앱을 기반으로 한 커뮤니티를 연상할 수도 있겠다. 이렇게 온라인 커뮤니티라고 하면 웹사이트나 앱 안에 관심사에 따른 다양한 게시판이 개설돼 있는, 즉 '게시판형 커뮤니티'가 먼저 떠오른다. 2000년대 온라인 커뮤니티 부흥기 때부터 익숙한 형태이기도 하고, 여전히 게시판형 커뮤니티를 기반으로 활발한 소통이 이뤄지기 때문이기도 하다.

이처럼 2000년대부터 게시판형 커뮤니티를 온라인 커뮤니티의 대표 포맷으로 여겨왔으나 이제는 그 양상이 변화하고 있다. Z세대

• 시간표 작성, 학업 관리, 학교별 익명 커뮤니티 기능을 제공하는 대학교 커뮤니티 플랫폼

가 만드는 트라이브의 특징과 맞닿아 있는 '채팅형 커뮤니티'가 빠르게 영향력을 키워가고 있다.

채팅형 커뮤니티를 선호하는 Z세대

채팅형 커뮤니티란 웹사이트나 앱이라는 구체적인 영역 없이 한 채팅방에서 실시간 채팅으로 소통하는 커뮤니티를 뜻한다. 카카오톡 오픈채팅이나 디스코드 같은 플랫폼이 대표적이다. 채팅형 커뮤니티는 이미 우리 일상에 녹아들어 있는데, 특히 Z세대는 이런 커뮤니티를 적극 이용한다.

2023년 7월 최근 한 달 내 이용한 커뮤니티를 조사한 결과, 여전히 포털 기반 카페나 자체 웹사이트 커뮤니티 같은 게시판형 커뮤니티 이용률이 높았다. 하지만 세대별로 보면, 포털 기반 카페 커뮤니티 이용률은 전기 밀레니얼세대가 71.7%, 후기 밀레니얼세대가 62.7%에 달한 반면, Z세대는 53.4%로 비교적 낮은 편이었다. 자체 웹사이트 커뮤니티 이용률도 전기 밀레니얼세대는 45.8%, 후기 밀레니얼세대는 43.6%였으나, Z세대는 그보다 10%p가량 낮은 33.1%였다. 반면 채팅형 커뮤니티 이용률은 Z세대의 비율이 47.6%로 다른 세대에 비해 가장 높았다. 카카오톡 오픈채팅 이용률(38.6%)도 다른 세대에 비해 높았으며, 특히 디스코드의 Z세대 이용률은 21.9%로 다른 세대와 차이가 두드러졌다.

밀레니얼세대가 2000년대 부흥한 게시판형 커뮤니티에 친숙하

Z세대와 채팅형 커뮤니티

최근 한 달 내 이용한 온라인 커뮤니티 유형

[Base: 전국 만 15~53세 남녀 중 최근 한 달 내 미디어 콘텐츠 이용 경험자, n=1200, 복수응답, 단위: %]

전체		세대별			
		Z세대	후기 밀레니얼세대	전기 밀레니얼세대	X세대
(Base)	(1200)	(311)	(225)	(251)	(413)
포털 기반 카페 커뮤니티 (네이버·다음 카페)	63.8	53.4	62.7	71.7	67.6
자체 웹사이트 커뮤니티 (디시인사이드, 루리웹 등)	39.0	33.1	43.6	45.8	36.8
오픈채팅 커뮤니티 (카카오톡 오픈채팅, 디스코드 등)	37.9	47.6	36.4	32.7	34.6
커머스 커뮤니티 (당근 '동네생활', 무신사 '패션톡' 등)	30.6	25.1	31.6	32.3	33.2
재학생 커뮤니티 (에브리타임, 열품타 등)	14.9	39.2	12.4	3.2	5.1
직장인 커뮤니티 (블라인드, 리멤버 커뮤니티 등)	14.2	10.9	23.6	12.7	12.3
모임 커뮤니티 (소모임, 문토 등)	7.3	5.1	12.0	7.2	6.3
온라인 커뮤니티를 전혀 이용하지 않음	14.1	15.4	12.9	12.0	15.0

세대별 오픈채팅 커뮤니티 이용률

[Base: 전국 만 15~53세 남녀 중 최근 한 달 내 미디어 콘텐츠 이용 경험자, n=1200, 복수응답, 단위: %]

듯, Z세대는 2015년[*]부터 본격적으로 자리 잡은 채팅형 커뮤니티에 더 익숙하다. Z세대는 카카오톡 오픈채팅 론칭 초기부터 이를

* 대표적인 채팅형 커뮤니티인 카카오톡 오픈채팅이 2015년 8월 론칭

디스코드에 존재하는 다양한 주제의 Z세대 커뮤니티_박
종현

활발하게 활용하면서 독특한 문화를 만들었다. 대화는 전혀 하지
않고 좋아하는 대상의 사진만 공유하는 '고독한 ○○방', 뭘 해도
칭찬만 하는 '칭찬방', 오픈채팅으로 즐기는 방 탈출 게임 등 새로
운 놀이문화를 창조했다.

　오픈채팅은 Z세대의 일상에 빠르게 침투했다. 전화번호를 주고
받을 필요 없이 링크만 있으면 참여할 수 있어 학교나 동아리 공지
채널은 오픈채팅으로 대체됐다. 스터디, 사이드 프로젝트, 운동 등
목표가 같은 사람들과 느슨하게 교류하는 목적 지향적 모임도 오
픈채팅을 기반으로 활발히 이뤄졌다.

　디스코드도 마찬가지다. 처음에는 게이머를 위한 음성 채팅 서

비스로 시작했으나, 코로나19를 기점으로 Z세대의 비대면 소통 앱으로 빠르게 자리 잡았다. 친구들과 멀티 플레이가 필요한 게임을 할 때 디스코드를 활용하기도 하고 대학교 과제로 팀플을 할 때 디스코드로 비대면 미팅을 하기도 한다. 게임이나 팀플 같은 특정한 목적 없이 그냥 디스코드에 접속해 대화를 나누는 경우도 많다. 게임뿐만 아니라 다양한 관심사를 다루는 채널이 생기면서 디스코드는 Z세대의 커뮤니티 플랫폼이 돼가고 있다.

이렇게 채팅형 커뮤니티가 Z세대 사이에서 강력한 커뮤니티 채널이 된 이유는 무엇일까? 단순히 요즘 유행이어서나 익숙해서만은 아니다. 채팅형 커뮤니티가 가진 속성이 트라이브십의 시대, Z세대가 추구하는 관계의 양상과 맞닿아 있기 때문이다.

CHAPTER 11.

Z세대가 챗 커뮤니티를 선호하는 이유

Z세대가 관계를 맺는 코드인 개인적 지향성은 매우 세분돼 있다. 이들은 자신의 수많은 취향, 관심사, 라이프스타일 중 어느 한 부분과 뾰족하게 맞닿은 커뮤니티를 찾아 그때그때 연결된다. 그리고 이 지향성은 자신을 알아감에 따라 점점 더 선명해지고 세세하게 나뉜다. 운영진이 관리하다 보니 방식이 유연하지 않은 게시판형 커뮤니티는 이런 Z세대의 니즈를 반영하기에 한계가 있다. 더 주체적으로 만들어가고 유연하게 분화하는 채팅형 커뮤니티가 주목받는 이유도 여기에 있다.

더 작게, 더 좁게 세포처럼 분화하다

디시인사이드나 더쿠, 네이버 카페와 같은 온라인 커뮤니티는 사람들의 관심사에 따라 새로운 게시판을 개설한다. 보통 회원들의 니즈가 크거나, 특정 이슈나 새로운 콘텐츠가 화제로 떠올랐을 때 만들어진다. 하지만 게시판을 만드는 권한이 대부분 운영진에게 있어 게시판이 열리기까지 시간이 걸리고 개개인의 관심사를 모두 반영하기도 불가능하다. 그렇다고 내 관심사에 맞는 커뮤니티를 개설하자니 신경 쓸 게 한두 가지가 아니다. 네이버 카페나 다음 카페를 개설한다고 해도 가입 조건, 등업 조건을 생각해야 하고 꾸준히 관리도 해야 한다. 일단 가입할 사람을 모으는 것부터 힘들다.

반면 이런 부분에서 채팅형 커뮤니티는 자유롭다. 채팅방 하나면 되기 때문에 누구나 마음만 먹으면 쉽게 커뮤니티를 만들 수 있다. 키워드 검색으로 채팅방에 간편하게 접근할 수 있어 관심사를 해시태그로 걸면 나와 지향성이 비슷한 사람과 쉽게 연결된다. Z세대가 추구하는 트라이브를 형성하는 데 매우 적합한 포맷이다.

채팅형 커뮤니티에서 주목할 또 다른 특성은 커뮤니티가 다양한 갈래로 분화하기 쉽다는 점이다. 카카오톡 오픈채팅도 디스코드도 실시간으로 대화가 오가기 때문에 한 채팅방에서 다양한 이야기가 범람하면 맥락을 따라가거나 원하는 정보만을 골라내기가 어렵다. 그래서 기본 채팅방을 다양한 주제나 목적으로 쪼개 한 커뮤니티 안에서도 좀 더 코드와 관심사가 맞는 사람끼리 집중적으로 소통하고 정보를 나누는 환경을 만든다.

예를 들어보자. 마케팅 실무자들이 모여 있는 한 오픈채팅은 기본 채팅방과 함께 참여자들의 니즈에 따라 세분된 멀티방을 운영하고 있다. GA(구글 애널리틱스)에 관심 있는 사람들이 정보를 나누는

커뮤니티 채널이 나뉘는 방법

커뮤니티 채널 분화 예시

메인 오픈채팅방	관심사에 따라 분화된 오픈채팅방
마케팅 실무자 정보 공유방	GA 정보방
	그로스/퍼포먼스방
	일상 공유방
	품앗이방

GA 정보방, 그로스 및 퍼포먼스 마케터가 모여 소통하는 그로스/
퍼포먼스방 등 직무에 따라 다양한 멀티방이 운영되고 있다. 또 마
케팅에 관련된 이야기가 아닌 맛집, 여행, 일상 이야기를 나누는 일
상 공유방, 이벤트 참여나 홍보할 것이 있을 때 이용하는 품앗이방
등 목적에 따라 분류하기도 한다.

디스코드도 마찬가지다. 카카오톡 오픈채팅에서 채팅방을 만들
듯 디스코드에서는 채널을 추가할 수 있다. 기본 채팅 채널에서 새
로운 이야기나 주제가 등장할 경우 별도 채널을 파서 채팅방을 분
리하는 것이다. 같은 서버를 공유하면서도 채널에 따라 더 세밀한
주제로 대화를 나누는 것이 가능하다.

이렇게 한 커뮤니티도 관심사나 목적에 따라 세포 분열하듯 쉽
게 분화된다. 운동에 관심이 있는 사람들이 모인 방에서 목적에 따
라 다이어트방, 벌크 업방이 생기기도 하고, 갓생을 목적으로 모인
방에서도 미라클 모닝 챌린지를 하는 방, 경제 공부를 하는 방 등 더

뾰족한 목표를 가진 소모임이 생긴다. 이런 분화는 채팅방의 운영자가 생성하기도 하지만 구성원들이 자발적으로 생성하는 경우도 많다. 채팅형 커뮤니티는 게시판형 커뮤니티보다 규율이 적고 유연하다. 특정한 누군가가 모임을 이끌고 규칙을 정하기보다는 운영자와 구성원이 함께 커뮤니티의 방향을 만들어간다. 한마디로 이용자가 주체적으로 대화에 참여하고 관계를 형성할 수 있는 환경이다.

커뮤니티 속 대화를 '찐'이라 여기는 이유

마이크로한 지향성에 맞닿은 커뮤니티를 찾거나 주체적으로 커뮤니티를 만들어가기 좋다는 점 외에도 Z세대가 채팅형 커뮤니티를 선호하는 이유가 또 있다. 바로 이 안에서 진짜 정보를 얻을 수 있기 때문이다.

나름 '성수 좀 다녀봤다' 하는 사람들은 이제 네이버나 인스타그램에서만 성수 핫플 정보를 찾지 않는다. 오픈채팅방 성수동 백과사전을 찾아간다. 성수동 백과사전은 앞서 소개한 로컬 크리에이터 제레박이 만든 오픈채팅방으로 성수동의 맛집과 카페 등의 정보를 주고받는 커뮤니티다. 인원, 방문 날짜, 멤버, 원하는 메뉴, 분위기 및 예산을 작성해 채팅방에 질문하면 성수동을 잘 아는 고수

• '진짜'에서 '진眞'을 떼어 세게 발음한 것으로 진실 또는 최상의 가치를 표현한 신조어

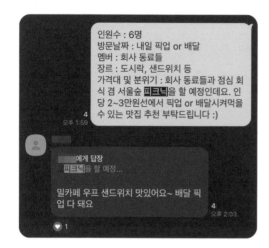

양식에 맞춰 문의하면 채팅방 참여자들이 실시간으로 장소를 추천하는 오픈채팅방 카카오톡 오픈채팅 성수동 백과사전

들이 적합한 장소를 빠르게 추천해준다. 성수를 꿰고 있는 사람들이 자신의 경험을 바탕으로 조건에 맞게 추천해준 핫플레이스다 보니, 네이버나 인스타그램에는 없는 희소성 높은 찐 정보다.

이처럼 Z세대는 실시간 대화로 소통하는 채팅형 커뮤니티를 진짜 정보를 얻는 플랫폼으로 여긴다. 검색해서 나오는 흔한 정보가 아닌 희귀한 정보를 찾기 위해 채팅형 커뮤니티를 찾는다. 이렇게 된 이유는 무엇일까?

가장 큰 이유는 커뮤니케이션 방식에 있다. 원래 온라인 커뮤니티는 같은 관심사를 지닌 소비자가 모여 각자 경험이나 생각을 공유한다는 점에서 생생한 알짜 정보가 있는 플랫폼으로 여겨졌다. 온라인 커뮤니티에서 입소문을 탄 아이템이 품절 대란을 일으키는 현상이 대표적이다. 그런 만큼 최신 마이크로트렌드나 새로운 정보를 얻으려면 자연히 온라인 커뮤니티를 찾아야 한다고 생각할 수밖에 없다.

채팅형 커뮤니티에서는 이런 특성이 더욱 두드러진다. 기존 게시판형 커뮤니티가 게시물을 올리고 댓글을 다는 방식으로 소통했다면 채팅형 커뮤니티에서는 개개인 간 대화로 소통한다. 그렇다 보니 같은 관심사를 가진 사람들과 더 내밀하게 대화할 수 있다.

Z세대가 참여하는 채팅형 커뮤니티는 관심사나 목적이 매우 좁고 명확하다. 실제로 제트워크에게 참여 중인 오픈채팅방의 종류를 조사한 결과, '귀엽고 뽀짝● 한 것들을 좋아하는 사람들의 모임'부터 '포켓몬고 게임 정보 모임', '성북구 자취생 모임'까지 Z세대는 목적이 명확한 커뮤니티에 참여하고 있었다. 이렇게 커뮤니티의 주제가 굉장히 좁혀지다 보니 고관여 이용자가 상대적으로 높은 비중을 차지한다. 공통 관심사를 가진 사람들끼리 모여 있는 만큼 한 주제를 깊게 파고들거나 궁금한 점을 물어가며 대화를 나누기에 부담이 적다. 끊임없이 대화를 주고받으며 최신 정보를 빠르게 업데이트한다. 그뿐만 아니라 개인 간 대화다 보니 성수동 백과사전의 사례처럼 개인적인 경험에 기반을 둔, 정제되지 않은 생생한 정보들이 즉각적으로 공유된다. 따라서 검색해도 나오지 않는 희소성 있는 정보를 접하기 쉽다.

또 한 가지 주목할 점은 개인 간 대화가 주를 이루는 만큼 바이럴 광고를 하기 어렵다는 점이다. 온라인 커뮤니티는 날것의 정보를 빠르게 접하기 좋은 채널이지만 익명이라는 특성 때문에 거짓 정

● 귀여운 대상을 일컫는 신조어로 귀염뽀짝, 뽀짝뽀짝 등으로 사용

보나 의도적인 바이럴 광고에 노출되는 경우도 많다. 각 온라인 커뮤니티의 문화나 특성을 파악한 뒤 실제 이용자나 소비자인 양 꾸며내기 쉬운 환경이다. 그러나 채팅형 커뮤니티에서는 바이럴 광고 난이도가 한 단계 더 올라간다. 단순히 채팅방의 분위기만 파악해야 하는 것이 아니라 실시간으로 이뤄지는 대화의 흐름과 맥락을 이해하고 그에 녹아들어야 한다. 이처럼 대화 기반으로 이뤄져 내밀한 소통이 가능하고 광고를 하기 어렵다는 점이 채팅형 커뮤니티의 신뢰도를 높인 주 요인이다.

채팅형 커뮤니티의 정보를 찐으로 여기는 또 다른 이유는 '실시간성'이다. 이용자들의 실시간 채팅으로 대화가 이뤄지는 만큼 정보가 빠르게 올라온다. 그리고 채팅의 특성상 대화가 흘러가면 다시 그 주제로 대화에 참여하거나 검색하는 것이 어려워 이곳의 정보는 더 희소성 있다고 평가받는다.

지난여름 카카오톡 오픈채팅에서 큰 인기를 끈 채팅방이 있다. 바로 '전국 실시간 날씨 공유', '전북지역 날씨 공유'와 같이 실시간으로 지역의 날씨를 공유하는 방이다. 기후 변화로 기상청의 예보와 다르게 날씨가 급변하거나 강남은 맑은데 종로에는 국지성 폭우가 쏟아지는 것처럼 지역별로 날씨가 천차만별인 경우가 많아졌다. 그렇다 보니 현재 상황을 빠르게 파악하기 위해서 실시간으로 날씨를 공유하는 방이 생겨났다. 이런 오픈채팅에서는 뉴스 기사나 SNS보다 정보가 실시간으로 빠르게 공유된다. 이 덕분에 이용자는 현재 기상 상황을 더 정확하게 파악하고 결정을 내리는 데 도움을 얻는다.

현지에서 필요한 옷차림과 날씨를 실
시간으로 확인할 수 있는 배낭톡 커뮤
니티_트리플

실시간 정보의 가치는 여행에서 특히 빛난다. 인터파크가 운영
하는 여행 플랫폼인 트리플은 2023년 5월부터 이용자의 위치 정
보를 기반으로 현지에 있는 여행자들만 접속해 대화를 나눌 수 있
는 채팅 서비스인 '배낭톡'을 운영하고 있다.[14]

배낭톡은 실제 같은 지역을 여행하고 있는 여행자들이 실시간으
로 유용한 정보를 빠르게 받아볼 수 있어 호평을 받았다. 이용자들
끼리 여행지의 날씨, 사진 촬영 스폿, 맛집, 교통 상황 등 꿀팁을 실
시간으로 공유하기도 하고 현지 그룹 투어에 참여할 여행자를 찾
기도 한다. 위치 정보를 기반으로 실제 현지에 있을 때만 접속이 가
능하도록 제한한 점이 특히 신뢰도를 높였다.

트라이브십의 시대에 적합한 소통법, '챗 커뮤니티'

지금까지 채팅형 커뮤니티로 대표되는 챗 커뮤니티_{Chat community}의 특성을 살펴봤다. 트라이브십의 시대, 챗 커뮤니티의 여러 가지 특성은 장점으로 작용한다.

챗 커뮤니티의 첫 번째 특성이자 가장 큰 장점은 더 좁고 명확한 관심사로 모일 수 있다는 점이다. 그 때문에 번거롭게 몇 단계 거칠 필요 없이 내가 목표로 한 정보나 관계로 빠르게 도달할 수 있다.

두 번째 장점은 누구나 장벽 없이 쉽게 참여할 수 있다는 점이다. 커뮤니티를 만들거나 참여하는 조건이 비교적 까다롭지 않고, 대화에 참여하는 것도 채팅 하나만 치면 된다. 번거로운 절차나 장벽이 최소화돼 내가 필요할 때마다 편하게 찾아 이용할 수 있다.

마지막 장점은 실시간성이다. 채팅형 커뮤니티에서는 정보가 휘발되기 때문에 실시간으로 소통에 참여해 얻는 정보의 희소성이 높다. 실시간으로 참여하는 헤비 유저는 양질의 정보를 얻을 수 있다는 이점이 분명하다. 이와 동시에 특정 참여자에게 힘이 실리기가 어렵다. 수평적이고 자유로운 소통이 가능하다.

이처럼 누구나 쉽게 만들 수 있고 관심사에 따라 세포처럼 마이크로하게 분화하며 유연하게 작동하는 챗 커뮤니티는 트라이브십의 시대에 적합한 커뮤니케이션 방식이다. 챗 커뮤니티는 Z세대 사이에 빠르게 스며든 것은 물론 다른 세대 사이에서도 기존 커뮤니티의 역할을 흡수하며 그 영향력을 더 키우고 있다. 여행, 운동, 육

별도 채팅 탭으로 분리된 카카오톡 오
픈채팅 카카오톡

아 등 관심사 기반 모임은 물론 지역이나 아파트 커뮤니티도 오픈
채팅에서 생성된다.

오픈채팅을 이용하는 소비자 숫자가 급증하면서 카카오에서는
2023년 5월부터 오픈채팅을 별도의 탭으로 분리해 사용할 수 있
도록 UI를 개편[15]하기도 했다. 그전까지는 오픈채팅이 카카오톡의
두 번째 탭인 '채팅' 탭에 포함된 대화방 중 하나였다면, 지금은 다
양한 관심사를 기반으로 교류하는 커뮤니티로서 기능을 강화한 것
이다.

이처럼 카카오톡 오픈채팅이나 디스코드를 중심으로 다양한 트
렌드를 만들고 영향력을 발휘하는 주요 커뮤니티가 탄생하고 있
다. 이런 챗 커뮤니티가 브랜딩에서는 어떻게 활용되고 있는지 살
펴보자.

CHAPTER 12

챗 커뮤니티로
강화하는 트라이브십

과거 인플루언서와 크리에이터들은 SNS에서 팬과 소통했다. 인스타그램이나 유튜브에 자신을 보여주는 콘텐츠를 올리고, 댓글로 팔로워나 구독자의 이야기를 들었다. 어떻게 보면 일방적이고 제한적인 소통 방식이었다. 최근에는 이런 소통 방식이 아닌 DM처럼 프라이빗하게 소식을 전할 수 있는 공지 채널을 활용하는 경우가 늘고 있다. 카카오톡 오픈채팅, 디스코드 커뮤니티를 만들어 팬들과 직접 소통하기도 한다. 팔로워, 구독자와 더 친근하게 소통하면서 관계를 돈독하게 다지고 영향력을 강화하고 있다.

크리에이터뿐만 아니라 스몰 브랜드에서도 유사한 현상이 나타났다. 플랫폼 기업들도 소비자들이 오래 머물고 놀 수 있는 커뮤니티를 늘리기 시작했다. 이제 단순히 팔로워 숫자가 많다는 것으로는 개인이나 브랜드의 영향력을 증명하기에 부족하다. 숫자보다는 개인이나 브랜드의 지향성에 공감하고 같이 영향력을 만들고 확장해가는 트라이브를 갖는 것이 중요하다. 트라이브와 커뮤니티의 영향력에 공감하며 챗 커뮤니티를 적극적으로 만들고 활용하는 개인과 브랜드를 살펴보자.

▼

챗 커뮤니티로 강화하는 멤버십

"최근 '생각노트' 님이 운영하는 디스코드에 참여했어요. 다양한 주제 속 목차마다 제가 관심 있는 부분을 찾아볼 수 있고 사람들과 정보를 공유할 수 있어서 좋았어요." _제트워크 시즌10 참여자 쿵야(E1101)

몇 년 전부터 마케터를 꿈꾸거나 마케팅, 기획 업무를 하는 사람들이 꾸준히 즐겨 찾는 계정이 있다. 바로 서비스 기획자인 생각노트의 계정이다. 생각노트는 자신의 생각과 영감을 기록해 공유한다. 2016년 개인 블로그 형태로 시작해 트위터, 인스타그램, 뉴스레터 등 다양한 플랫폼으로 범위를 넓히며 구독자와 적극적으로 소통하고 있다.

2021년 말부터는 '마케터와 기획자의 생각함'이라는 카카오톡 오픈채팅을 개설했다. 이 오픈채팅방에서는 현업에 종사하거나 마케터와 기획자를 꿈꾸는 사람들이 모여서 자유롭게 정보를 공유하고 이야기를 나눈다. 방을 개설한 운영자가 정보를 전달하고 화두를 제시하지 않아도 비슷한 관심사를 가진 사람들이 서로 나서서 적극적으로 대화한다. 최근 눈에 띄는 마케팅 사례나 마케팅 업계

think_note_ 생각노트를 좋아해주신 분들이 함께 연결되어, 서로의 성장을 응원하는 느슨한 연대 공간이 있다면 어떨까 하는 마음에 기획해본 생각노트 디스코드.

밀도 높은 소통을 위해 디스코드를 오픈한 생각노트_인스타그램 think_note_

주요 이슈, 함께 보고 싶은 아티클을 공유하고 현업에 관련된 질문이나 도움 요청에도 적극적으로 의견을 보태며 함께 커뮤니티를 만들어간다.

2023년 5월 생각노트는 오픈채팅방에서 이야기하는 수많은 인풋 소스를 아카이빙하고 주제별로 더 심도 있는 이야기를 나누고자 디스코드 공간을 열었다. 커뮤니티 안에서 함께 쌓아가던 소스와 인사이트가 더 잘 정리되고 공유되는 환경을 만들기 위해서다. 크리에이터 개인의 생각을 전하던 데서 한 걸음 더 나아가 비슷한 관심사를 가진 사람들과 소통하는 커뮤니티로 확장하며 서로 긍정적인 영향을 주고받고 더 다양한 의미와 가치를 만들어가는 모습이 두드러진다.

이처럼 요즘 크리에이터는 SNS 게시글을 넘어 실시간으로 직접

팔로워들과 소통할 수 있는 인스타그램 공지 채널_인스타그램 brandmakerman, petty_dust

소통할 수 있는 커뮤니티에서 구독자와 더 긴밀하게 만나고 싶어한다. 이런 커뮤니티 공간이 중요하고 필요하다는 것을 빠르게 포착한 인스타그램은 2023년 6월부터 '공지 채널' 기능을 새롭게 추가했다.

공지 채널이란 크리에이터가 직접 팔로워들과 소통할 수 있는 일대다 메시지 도구다. 크리에이터가 공지 채널을 생성하면 팔로워에게 알림이 전송되고, 팔로워라면 누구나 공지 채널에 참여할수 있다. 크리에이터는 공지 채널로 텍스트, 사진, 설문 등을 보낼수 있다.

물론 모든 팔로워가 직접 소통을 할 수 있는 건 아니다. 크리에이터가 초대한 특정 계정은 메시지까지 보낼 수 있지만 팔로워 대부분은 메시지를 읽고 공감하고 설문에 투표할 수 있는 정도다. 그렇지만 이 기능이 불러온 효과는 어마어마하다. 크리에이터의 안부 인사에 공감을 표현할 수 있을 뿐이어도 나에게 직접 인사를 건넨 느낌을 받으며 크리에이터를 가깝게 느낀다. 크리에이터 역시 실시간으로 찍히는 구독자들의 반응을 보면서 친밀함을 느낀다. 또 공지 채널에 참여한 사람들에게만 의견을 묻거나 특정 정보를 제공하다 보니 스스로 특별한 팔로워가 된 기분이 들기도 한다. 소수 멤버십에 가입한 것과 유사하다. 이런 내밀한 소통은 크리에이터와 팔로워의 관계를 돈독하게 만들어준다.

스몰 브랜드가 채팅형 커뮤니티를 만드는 경우도 늘고 있다. 대표적인 사례로 서울시 마포구 염리동에 위치한 작은 아이스크림 가게 녹기전에를 들 수 있다. 녹기전에를 운영하는 일명 '녹싸(녹기전에 사장님)'는 소비자와 관계를 중요시해 다양한 방식으로 접점을 만들어왔다.

특히 인스타그램 피드로 전달하는 친근감 있는 메뉴 소개는 녹기전에만의 특별한 소통 방식이다. 녹기전에의 메뉴는 매일 바뀌는데, 새로운 메뉴가 나오면 녹싸만의 친근한 말투로 소개한다. 녹싸는 신메뉴를 소개하기 위해 노션에 '오늘의 메뉴' 페이지를 만들었는데, 녹싸의 일기를 공유하는 '녹싸일기', 온라인 방명록 등의 위젯이 더해지며 소통의 장이 됐다. 또 2021년부터는 '녹기전에 주주총회'라는 이름의 오픈채팅방을 운영하며 고객과의 접점을 챗

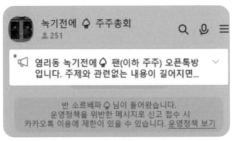

녹기전에 주주총회 오픈채팅과 무
리개미 행사 현장 사진_녹기전에

커뮤니티 형태로 확장하고 있는데, 2023년 현재 250여 명이 함께
하는 중이다.

이 밖에도 녹기전에와 함께 (사)노을공원시민모임이 진행하는 나
무 심기, 숲 만들기에 동참하는 '1000명의 나무 심는 사람(개미)들'
을 모집한다. 그리고 매달 한 번씩 '무리개미행사'를 열어 팬들과
함께 노을 공원에 나무를 심는다. 개별적으로 나무를 심는 '개별개
미행사'도 권장한다. 브랜드가 추구하는 지향성에 공감하는 사람
들과 모이는 대표적인 활동들이다.

브랜드가 직접 소비자와 소통하며 특별한 관계를 만들어나갈수
록 브랜드의 힘은 더욱 강력해진다. 브랜드 철학을 이해하고 응원
하는 이들과 강력한 연결고리가 생겨 끈끈한 팬덤이 만들어지기

때문이다. 그리고 이것의 효과는 제품과 서비스를 홍보하고 매출을 올리는 데서 그치지 않는다. 브랜드의 지향점에 공감하는 사람들과 더 다양하고 가치 있는 활동을 함께하며 영역을 넓히고 지속 가능성을 키울 수 있다.

▼

더 뾰족하고 가볍게 브랜드에 스며드는 챗 커뮤니티

2023년 8월 당근마켓이 사명을 당근으로 전환했다. 출시 8년 만에 중고 거래 플랫폼에서 벗어나 지역 밀착(하이퍼 로컬) 사업을 본격적으로 펼치기 위한 수순이다. 거래에 집중한 플랫폼이 아닌 이웃끼리 서로 소통하고 연결되는 지역 생활 커뮤니티 플랫폼으로서의 입지를 강화하기 위한 선택으로 보인다. 그러면서 당근은 가까운 이웃들과 정보를 공유하고 이야기를 나누는 공간인 커뮤니티 채널 동네생활에 '모임'을 신규 론칭하고 서비스를 강화했다.

당근의 모임은 운동이나 취미, 스터디 등 다양한 주제별로 동네 이웃과 자유롭게 모일 수 있는 서비스다. 동네생활 탭에 들어가면 제일 상단의 '모임 둘러보기'로 현재 우리 동네의 모임들을 살펴볼 수 있다.

이곳에는 테니스 모임이나 러닝 크루 같은 운동 모임부터, 식집사끼리 정보를 교환하는 방, 함께 '카공(카페에서 공부)'하는 방 등 다양한 모임이 있다. 동네를 기반으로 다양한 이야기를 나눌 수 있었던 당근에서 한 번 더 좁고 명확한 관심사를 가진 사람들끼리 모일

모임 서비스를 론칭해 커뮤니티 기능을 강화한 당근_당근

수 있는 판을 만든 것이다.

모임에서는 특정 관심사에 관해 정보를 공유하고 이야기를 나누는 것은 물론 오프라인 모임도 가능하다. 모임장이 모임 일정을 올리면 참여 가능한 사람이 자유롭게 신청해서 참여하는 식이다.

눈에 띄는 것은 당근 앱 안에서 출결 체크와 참여자와의 채팅이 가능하다는 점이다. 보통 당근에서 모임이 만들어지면 외부 오픈 채팅을 만들어 소통하는 경우가 많았다. 그러나 이제는 '일정별 채팅방' 기능을 추가해 앱 안에서 모두 해결함으로써 커뮤니티를 더 편리하게 운영할 수 있다.

당근뿐만 아니라 무신사, 오늘의집, 컬리 등 최근 버티컬 커머스 플랫폼에서는 자체 커뮤니티 기능을 확대해 이용자의 관여도를 높이는 전략을 시도하고 있다. 커뮤니티의 힘을 알고 이를 적극적으로 활용하는 것이다.

Z세대가 애용하는 패션 커머스 플랫폼 무신사는 전신이었던 '무진장 신발 사진이 많은 곳'이라는 온라인 커뮤니티를 발판으로 성장한 기업이다. 온라인 커뮤니티에서 커머스 플랫폼으로 거듭난

무신사는 2023년 5월 다시 한번 커뮤니티를 강화하며 앱 회원을 위한 패션 커뮤니티인 패션톡을 론칭했다.

무신사에서 기존에 운영하던 커뮤니티인 무신사 스냅이 자신의 OOTD를 올리며 패션 사진 위주로 소통하는 커뮤니티였다면 패션톡에서는 패션에 관한 소식이나 고민 등 폭넓은 이야기를 가볍게 나눌 수 있다. 소비자는 패션톡으로 궁금한 내용을 서로 묻고 답하며 세일 및 발매 정보, 패션 꿀팁 등을 얻어갈 수 있다. 패션뿐만 아니라 일상을 주제로 소통하는 것도 가능하다.

패션톡에서 가장 인기를 끄는 게시글은 '베스트' 코너로 이동된다. 이를 통해 요즘 사람들은 패션에 관해 어떤 고민을 하고 있는지, 무엇이 트렌드인지 한눈에 확인할 수 있다. 이렇게 패션과 관련된 콘텐츠가 다양하게 생성돼 소비자들이 앱에 머무는 시간이 길어지고, 무신사에 입점한 브랜드들도 고객과 더 다양하게 소통할 수 있다.

이처럼 이미 소비자층을 탄탄하게 형성한 버티컬 커머스 플랫폼들도 소비자가 더 편하고 자유롭게 소통할 수 있는 커뮤니티를 적극적으로 만들고 있다. 플랫폼 안에서 비슷한 관심사를 가진 사람들과 실시간으로 트라이브를 형성할 수 있는 환경을 만들어 소비자와의 접점을 확대하고 체류 시간과 방문 빈도를 자연스럽게 늘리기 위해서다.

이용자들이 더 좁고 뾰족한 관심사로 모이고 양질의 정보를 얻을 수 있도록 챗 커뮤니티를 만드는 경우도 있다. 실시간 정보와 실제 경험자의 리뷰가 중요한 분야에서 특히 그렇다.

대표적인 사례가 앞서 소개했던 트리플의 배낭톡이다. 여행지에

관심 직무 기반 채팅
서비스 '커리어챗' 커
리어챗

서는 실시간 현지 정보가 필요한 경우가 많고, 실제 여행자의 경험이 무엇보다도 유용하다. 주로 여행 카페나 카카오톡 오픈채팅으로 해소하던 이런 니즈를 플랫폼에서 한 번에 해결할 수 있는 환경을 만든 것이다.

사람인에서 운영하는 커리어챗 서비스도 비슷한 예다. 여행과 마찬가지로 채용에서도 현직자의 실시간 정보가 가장 유용하고 양질의 정보가 넘치는 곳에 사람들이 모인다. 커리어챗은 사람인에서 2023년 5월 앱 내에 론칭한 관심 직무 기반 채팅 커뮤니티다. 사람인은 앱 내에서 이용자들이 공통된 직무 관심사, 커리어 고민, 취업 준비 등의 정보를 함께 실시간으로 나눌 수 있도록 채팅형 커뮤니티를 만들어 커뮤니티 기능을 강화했다.

이처럼 요즘 플랫폼들은 각 플랫폼의 이용자 특성에 맞는 커뮤니티를 만들어 이용자 간 다양한 트라이브가 만들어지고 교류가 일어나도록 노력하고 있다. 트리플과 사람인 역시 채팅형 커뮤니티에 집중했다. 이런 커뮤니티에서는 더 좁고 명확한 관심사를 기반으로 모일 수 있어 필요한 목표나 정보에 빠르게 도달할 수 있다. 또 진입 장벽이 낮고, 실시간으로 희소성 있는 양질의 정보를 얻기 쉽다.

챗 커뮤니티에 녹아드는 방법

뾰족한 주제로 가볍게 소통하는 챗 커뮤니티가 대세다. Z세대가 연결되고 교류하는 커뮤니티는 점점 개인화됐다. 웹, 앱 게시판에서 개별 채팅방, DM 같은 메시지로 소통의 창구가 이동하면서, Z세대가 어떤 커뮤니티에 소속돼 있고 어떻게 소통하는지 확인하기 어려워졌다.

게시판형 커뮤니티는 활동하거나 가입하지 않아도 검색으로 사용자들의 경향성을 확인할 수 있다. 그러나 챗 커뮤니티는 직접 커뮤니티에 참여해 실시간으로 소통하지 않는 이상 어떤 이야기가 오가는지 확인할 수 없다. 기업이나 브랜드가 소비자의 커뮤니티에 녹아드는 것이 점점 더 어려워지고 있는 것이다.

이런 챗 커뮤니티에 잘 녹아들어 성공적으로 마케팅을 펼친 사례가 있다. 바로 음료 브랜드 '클룹'이다. 클룹은 바이럴 마케팅의 무대 중 하나로 카카오톡 오픈채팅을 택했다.

사실 오픈채팅방에서 바이럴을 하기란 매우 어렵다. 앞서 이야기했듯 자연스럽게 홍보를 하기 위해서는 채팅방 대화의 맥락을 잘 읽어야 한다. 클룹은 오픈채팅방에 진정성 있게 녹아들어 성공적으로 샘플링을 이끌었다. 먼저 바이럴 마케팅의 타깃을 정할 때 관심사를 기준으로 뒀다. 그중 하나가 마케터와 기획자였는데, '좋은 게 있으면 알리려 한다'는 이들의 특성에 주목했다. 샘플링으로

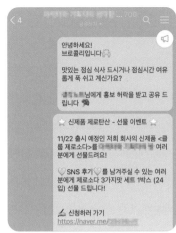
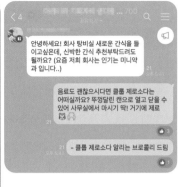

성공적으로 오픈채팅 마케팅을 진행한 클룹_클룹

클룹을 경험하게 하고, 같은 마케터로서 꾸준히 소통하며 진정성 있게 브랜드를 알렸다. 그러자 단순히 샘플링뿐만 아니라 동료로서 브랜드를 응원하는 이들이 늘어났다. 담당자가 임플로이언서 Employencer*가 돼 대화에 자연스럽게 참여한 것이 성공 비결이었다. 챗 커뮤니티의 시대에는 이렇게 개인화된 소통이 필요하다.

모든 브랜드가 챗 커뮤니티에 녹아들기는 어렵다. 그렇다 보니 소비자와 소통할 수 있는 커뮤니티를 직접 만드는 기업과 브랜드가 늘어나고 있다. 다만 그 형태가 꼭 채팅형 커뮤니티일 필요는 없다. 좁고 명확한 관심사를 주제로 소통하고 부담 없이 가볍게 참여한다는 챗 커뮤니티의 속성만 띠고 있으면 된다.

대표적으로 LG전자의 사례를 들 수 있다. 2022년 7월, LG전자

• '직원employee'과 '인플루언서influencer'의 합성어로 자신이 근무하는 회사를 SNS에 공유하는 영향력이 큰 사람

는 초경량 노트북 그램과 소비자의 접점을 늘리기 위해 온라인 커뮤니티인 '재미'를 만들었다. 재미는 오픈 200일 만에 10만 명이 넘는 가입자 수를 달성하면서 주목받았다. 그냥 전자제품이 아닌 노트북이라는 한 단계 더 세분된 커뮤니티라는 점이 Z세대의 마음을 사로잡았다.

LG CNS도 가전 커뮤니티 '220코드앤코드'를 운영 중이다. 가전제품과 인테리어라는 관심사로 모여 일상과 리뷰를 공유한다. 더 좁고 뾰족한 취향으로 접근해 커뮤니티를 만드는 모습이다.

커뮤니티를 활용한 브랜드 마케팅 방식은 변하고 있다. 대형 커뮤니티에 브랜드 광고 배너와 홍보 게시글을 올리기보다 우리 브랜드에 반응해줄 소비자가 있는 작은 커뮤니티를 발품 팔아 찾고 규모가 작을지라도 브랜드 자체의 커뮤니티를 만드는 일이 더 중요해졌다.

Z세대의 챗 커뮤니티에 녹아들려면 무엇보다 먼저 우리 브랜드나 제품과 관심사나 코드가 통하는 소비자의 특성이 어떨지 생각해야 한다. 성별이나 연령보다 어떤 취향, 관심사, 라이프스타일을 가졌는지가 더 중요하다. 가볍고 유기적인 트라이브를 통해 브랜드의 제품이나 서비스, 추구하는 가치에 공감해줄 소비자와의 접점을 늘릴 수 있을 것이다.

ISSUE 4.

Raw 콘텐츠

길이를 넘어
날것의 묘미를 즐기다

이제 콘텐츠에서 숏폼이
대세라는 사실은 부정할 수 없다.
숏폼 플랫폼에서 알고리즘의 선택을 받은 콘텐츠와
인플루언서가 유명해지고, 숏폼 챌린지로 인기를 끈
노래가 음원 차트 순위권에 오른다. Z세대의 트렌드도
숏폼 콘텐츠를 중심으로 만들어지고 확산한다.
1분 내외의 짧은 영상이 지닌 파급력을 보면
역시 길이가 짧은 게 답인가 싶다.
그러다가도 러닝타임이 3시간이 넘는
연애 프로그램을 과몰입해서 시청하고,
5시간이 넘어가는 라이브 방송을 "오히려 좋아"라고 하며
챙겨 보는 Z세대의 모습을 보면 혼란스러워진다.
단지 취향의 차이라고 단정 짓기에는 두 가지 영상을
동시에 즐기는 이들도 많다.
결국 중요한 것은 영상의 길이가 아니다.
숏폼과 롱폼 long-form이라는 형식을 넘어,
Z세대가 반응하는 콘텐츠의 핵심 요소를 알아봤다.

CHAPTER 13

콘텐츠에서
진짜를 찾다

2022년 이미 대세로 자리 잡은 숏폼 콘텐츠는 불과 1년 새 영향력을 더 크게 키웠다. 대학내일20대연구소가 전국 15~53세 남녀 1200명을 대상으로 조사한 결과, 응답자 80.0%가 최근 6개월 내 숏폼 플랫폼을 이용한 적 있다고 답했다. 그중 Z세대의 숏폼 플랫폼 이용률은 90.0%에 달하는데 2022년 조사(81.2%)에 비해 8.8%p나 증가한 수치다.

이용 시간도 크게 늘었다. Z세대의 하루 평균 숏폼 콘텐츠 평균 이용 시간은 주중 103분, 주말 130.6분으로 2022년에 비해 주중 27.2분, 주말 34.4분이나 증가했다. 이제 숏폼 콘텐츠는 대세를 넘어 우리 일상의 한 부분을 차지하는 주 소비 콘텐츠로 완전히 자리 잡았다.

주 소비 콘텐츠로 자리 잡은 숏폼

연도별 최근 6개월 내 숏폼 플랫폼 이용률 비교

[2023년 Base: 전국 15~53세 남녀 중 최근 한 달 내 미디어 콘텐츠 이용 경험자, n=1200, 단수응답, 단위: %]
[2022년 Base: 전국 15~41세 남녀 중 최근 한 달 내 미디어 콘텐츠 이용 경험자, n=900, 단수응답, 단위: %]

연도별 Z세대의 숏폼 콘텐츠 일 평균 시청 시간 비교

[2023년 Base: 전국 Z세대 남녀 중 최근 6개월 내 숏폼 플랫폼 이용자, n=280, 주관식, 단위: 분]
[2022년 Base: 전국 Z세대 남녀 중 최근 6개월 내 숏폼 플랫폼 이용자, n=285, 주관식, 단위: 분]

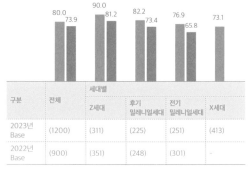

- 2023년
- 2022년

구분	전체	세대별			
		Z세대	후기 밀레니얼세대	전기 밀레니얼세대	X세대
2023년 Base	(1200)	(311)	(225)	(251)	(413)
2022년 Base	(900)	(351)	(248)	(301)	-

*2022년에는 X세대를 대상으로 조사하지 않음

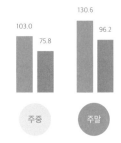

- 2023년
- 2022년

정제되지 않은 날것을 추구하는 Z세대

지난해《Z세대 트렌드 2023》에서 예측한 '숏포머블Short-formable'
은 숏폼 콘텐츠의 대중화로 콘텐츠의 핵심 문법이 됐다. 숏포머블
이란 '숏폼 콘텐츠로 올릴 만한 것'이라는 뜻으로 숏폼의 문법에 맞
는 콘텐츠를 의미한다.

'인스타그래머블Instagramable*'의 핵심이 '예쁘고 정갈한 인스타그램 피드처럼 보기 좋게 편집된 것'이라면, 숏포머블의 핵심은 날것에 있다. 숏폼 콘텐츠에서 날것이라고 하면 흔히 B급이나 도파민 넘치는 자극적인 콘텐츠를 떠올릴 것이다. 빠른 화면 전환과 속도감 있는 편집으로 시각적인 만족감을 주는 전후 비교 콘텐츠나 특징이 뚜렷한 캐릭터를 기획해 시청자의 공감과 과몰입을 부르는 콘텐츠가 대표적인 예다.

이런 콘텐츠도 여전히 사랑받고 있지만, 최근 숏폼 콘텐츠에서 새롭게 주목받는 날것은 '정제되지 않은 것'에 가깝다. 숏폼 콘텐츠가 대중화돼 일상을 기록하는 도구로 자리 잡으면서 편집이나 연출을 최소화한 콘텐츠가 늘고 있다. 집에서 편한 모습으로 장난치는 모습, 친구나 커플의 대화 같은 평범한 일상의 한 장면을 있는 그대로 담아낸 영상, 실수나 실패를 편집하지 않고 과정을 온전히 담아낸 콘텐츠 등 즉흥적으로 촬영하고 예상치 못했던 재미를 주는 콘텐츠가 화제로 떠오른다.

이런 날것의 느낌은 숏폼이 아닌 콘텐츠에서도 통한다. 유튜브 브이로그나 웹 예능은 물론, 넷플릭스 같은 OTT, 텔레비전 프로그램까지 콘텐츠 전반에서 정제되지 않은 느낌을 줄 때 시청자들에게 환영받고 있다. 각 잡고 찍은 영상보다 친구 사이의 대화에서 자연스럽게 나오는 찐 리액션이 담긴 브이로그가 더 공감받는다. 빈틈없이 완벽하게 편집된 콘텐츠보다 예상치 못한 돌발 상황이나

• '인스타그램Instagram'과 '할 수 있는-able'의 합성어로 인스타그램에 올릴 만한 것

출연자 또는 제작진의 실수가 온전히 담긴 영상이 더 매력적이라고 평가받는다. 요즘은 탄탄한 기획 없이 의식의 흐름대로 흘러가는 '침착맨'의 라이브 방송을 통하는 콘텐츠로 여기고, 이를 벤치마킹한 예능 프로그램도 등장했다.

숏폼과 롱폼이라는 형식이나 플랫폼에 상관없이 날것의 묘미를 콘텐츠가 대세로 떠올랐다. Z세대가 진짜 공감하면서 보는 날것의 느슨한 콘텐츠는 무엇인지 살펴보자.

CHAPTER 14

과정을 온전히 담다

Z세대가 선호하는 진짜라는 느낌을 주는 콘텐츠로 무엇이 있을까? 첫 번째는 과정을 온전히 담은 콘텐츠다.

Z세대는 제작하는 사람의 의도를 담아 편집하지 않고 전체 과정을 낱낱이 보여주는 콘텐츠를 보며 매력을 느낀다. 다이어트를 하다가 참지 못하고 치킨을 시켜 먹거나, 예쁜 그릇에 정성껏 만든 음식을 덜다가 쏟는 모습처럼 실패나 실수하는 모습까지 전부 담은 콘텐츠에 친근감을 느낀다.

제작자가 재미있고 보여줄 만하다고 취사선택한 장면이 아닌 전체 과정을 고스란히 담은 콘텐츠를 보면서 Z세대는 저마다 각자의 즐거움을 찾는다.

매일의 일상이 콘텐츠가 된다

최근 6개월 내 숏폼 영상을 업로드한 경험이 있는 Z세대에게 그 이유를 물었다. 조사 결과 '나의 일상을 기록하고 남기기 위해서(19.6%)'가 1위로 꼽혔다.[16] 2022년에 이어 2023년에도 '일상 기록'이 영상 업로드의 가장 주요한 이유로 꼽힌 것이다.

그러나 Z세대가 기록하는 일상의 모습이 조금 달라졌다. 2022년에는 일상을 기록하더라도 여행, 축제, 핫플레이스 방문처럼 특별한 순간을 기록하는 경우가 많았다. 일상에서 기억하고 싶은 아름답고 찬란한 순간들을 기록했다. 반면 2023년에는 새로운 형식이 눈에 띈다. 특별한 일상을 담은 콘텐츠도 여전히 많지만 등교나 출근, 식사, 운동 등 특별한 것 없는 매일을 기록하는 콘텐츠가 늘고 있다.

이제 매일 하는 무언가도 콘텐츠의 소재가 된다. 공부, 소비 등이 대표적인 예다. Z세대는 반복되는 일상의 한 장면을 꾸준히 기록하거나 어떤 주제를 매일 실천해나가는 과정을 1분 내외의 짧은 숏폼으로 담는다. 갓생을 사는 일과를 찍거나 매주 생활비 예산을 짜고 남은 돈을 저축하는 일상을 촬영한다. 매일 먹는 식사나 요리를 기록하기도 한다. 동생이 만드는 언니의 점심 도시락 메뉴를 기록하는 '열무', 예비 신랑의 점심 도시락을 만드는 영상으로 인기를 끈 '쑤'처럼 누군가를 위해 정성껏 요리하는 과정을 찍기도 하고 그냥 자신이 먹은 그날의 음식을 기록하는 식사 계정도 있다. 이런 일상

의 모습이나 과정을 성실히 기록하는 것으로도 충분한 콘텐츠가 된다.

또 숏폼 콘텐츠를 즐겨 본다면 한번쯤 봤을 법한 '다이어트 1일 차', '보디 프로필 D-50' 같은 콘텐츠도 Z세대 사이에서 인기를 끄는 과정 기록 콘텐츠 중 하나다. 다이어트 일상을 기록하는 유튜버 '헬퀸'은 〈다이어트 n일 차〉라는 타이틀을 가지고 매일을 쇼츠로 짧게 기록한다. 헬퀸은 1년 넘게 거의 매일 밀리지 않고 성실하게 쇼츠를 업로드하는 유튜버다. 하루가 지날 때마다 n의 숫자가 1씩 늘어난다. 예를 들어 처음 다이어트를 시작한 날이 '다이어트 1일

매일 다이어트하는 일상을 쇼츠로 업로드하는 헬퀸_유튜브 헬퀸

차'라면 다음 날 올린 쇼츠에는 '다이어트 2일 차'라고 적는 식이다.
콘텐츠에는 그날 먹은 식사와 운동을 주로 기록하며 이 과정에서
자연스럽게 정보를 전달하기도 한다. 운동 기록으로 유산소 운동
방법이나 운동복 추천 같은 정보를 전하기도 하고, 그날의 식사를
공유하며 맛있는 다이어트식이나 남은 배달 음식으로 다이어트식
을 만들어 먹는 방법 같은 정보를 제공한다.

　이렇게 꾸준히 과정을 기록하는 것만으로도 Z세대에게는 의미
가 있다. 과정 기록 콘텐츠를 보는 Z세대는 크리에이터가 매일 콘
텐츠를 올리고, 목표를 이루기 위해 노력하는 모습을 보며 동기부
여가 된다고 말한다. 같은 목표를 가진 사람들은 영상으로 자극을
받고 '나도 따라 해야지'라고 마음먹는다. 구독자들은 크리에이터

가 변화하는 과정에 동참한다. '과정형 인플루언서'를 롤모델로 삼는 것과 비슷한 맥락이다. 이 과정에서 공유되는 정보 또한 실제 경험에서 나오는 것이기 때문에 더 신뢰한다.

무엇보다 실패나 실수하는 모습까지 가감 없이 담는다는 점이 중요하다. 과거에도 변화 과정을 보여주는 콘텐츠는 있었다. 하지만 그때는 결과에 초점을 맞춘 경우가 많았다. 명확한 목표를 설정하고 그걸 달성하는 과정을 보여주는 게 핵심이었다. 변화 후의 모습을 극대화해서 보여주기 위해 변화 전과 비교하거나, 실패하거나 실수하는 모습을 편집해 결과에 긍정적인 영향을 준 모습들만 보여줬다. 하지만 지금 유행하는 과정 기록 콘텐츠에는 뚜렷한 목표나 결과가 존재하지 않는다. 꾸준한 과정 그 자체에 집중했기 때문이다. 그날 한 운동, 식사 등 일상에 초점을 맞추고 실패하거나 실수하는 모습도 온전히 담는다. 결과는 과정에 따라 자연스럽게 나타나는 것임을 알기 때문이다.

헬퀸도 1년 넘게 매일 다이어트를 기록하고 있지만 항상 성공하는 날만 있는 것은 아니다. 어떤 날은 술 약속이 있어 많이 먹기도 하고, 여행을 가서 먹고 싶은 음식을 골고루 먹는 날도 있다. 하지만 그런 날도 솔직하게 전부 콘텐츠로 기록하며, 하루 폭식했다고 다이어트를 그만두지 않는다. 다음 날은 조금 덜 먹고 운동하며 꾸준하게 다이어트에 임한다. 실패하는 날이 잦아 웃음을 유발하기도 한다.

매일을 짧게 기록하는 유튜버 '닥생'은 28일 동안 다이어트를 하겠다며 다이어트 일상을 업로드했던 적이 있다. 그러나 다이어트

중 종종 마라탕을 먹거나 술을 마시며 폭식을 했다. 심지어 건강해 보이는 식단만으로 잘 챙겨 먹은 날에는 구독자들이 어색하게 느낄 정도다.

매일을 기록하는 과정 콘텐츠에 담긴 솔직한 모습은 Z세대에게 진정성 있게 다가온다. 모든 날이 완벽할 수는 없다. 우리도 무언가를 이뤄가는 과정에서 많은 실패와 실수를 한다. 구독자들은 이런 솔직한 모습들을 보며 크리에이터에게 동질감과 친근감을 느낀다. 또 포기하지 않고 계속해나가는 모습을 보며 위안을 얻고 마음을 다잡는다.

또 일상의 과정을 기록하는 게 주이기 때문에 목표가 달라짐에 따라 주제를 변경하거나 다른 주제를 병행하는 모습도 자주 보인다는 점이 흥미롭다. 보디 프로필을 찍기 위해 다이어트 기록을 올리던 유튜버 '박학학'은 촬영이 끝난 후 다이어트를 끝내고 벌크 업 과정을 기록하고 있다. 운동을 찍어 올리는 것은 비슷하나 그 목표

보디 프로필 촬영 후 벌크 업 중인 일상을 기록하는 박학학_유튜브 박학학

가 달라지면서 자연스럽게 방향이 달라졌다.

비슷한 사례로 수능을 앞두고 공부 일상을 기록하던 유튜버 '훈 혜'가 있다. 훈혜는 수능이 끝나고 다이어트 콘텐츠를 올리고 있다. 과거에는 콘텐츠 제작자가 원래 다루던 주제나 방향을 바꾸는 것 이 어려운 일이었으나 이제는 그렇지 않다. 루틴이 바뀌면 콘텐츠 주제도 바뀌는 것을 제작자와 구독자 모두 자연스럽게 받아들이고 있다. 주제가 아니라 일상이 중심이기에 가능한 변화다.

이런 일상 기록 콘텐츠는 매일을 짧게 기록하기 때문에 롱폼 콘 텐츠에 비해 업로드 주기가 짧다. 매일 새로운 콘텐츠를 볼 수 있다 는 점, 영상 길이가 짧아 부담 없이 몰아서 볼 수 있다는 점이 숏폼 콘텐츠의 인기 요인으로 꼽힌다. 좋아하는 드라마를 본방 사수했던 것처럼 좋아하는 숏폼 콘텐츠를 매일 챙겨 보는 게 일상 루틴으로 자리 잡은 것이다. 제트워크의 한 참여자는 이런 데일리 콘텐츠를 보는 이유를 이렇게 말했다.

> "계정주의 성장을 계속 지켜보고 싶어요. 초기 시청자들은 이 사람의 성장을 동시대에 공유하며 응원할 수 있고, 후발 시청자들은 누적된 영상을 빠르게 몰아 보고 결과를 쉽게 확인할 수 있어요. 결과를 보고 대리 만족을 느끼기도 하고요." _제트워크 시즌10 참여자 제이지(C1230)

일주일에 한 번 보는 친구보다는 매일 보는 친구가 더 가깝게 느껴지기 마련이다. 마찬가지로 업로드 빈도가 높은 만큼 구독자들이 자주 시청하면서 크리에이터에 대한 내적 친밀감과 콘텐츠 몰입감이 자연스럽게 높아진다.

과정에 몰입하는 Z세대가 낳은 新 트렌드

과정을 담은 콘텐츠를 한번 떠올려보자. 어떤 콘텐츠들이 주로 떠오르는가? 명확한 목표를 이뤄가는 과정을 통해 탄탄한 정보를 제공하는 콘텐츠를 주로 떠올릴 것이다. 이를테면 요리하는 과정을 보여주며 조리법을 전하는 콘텐츠나 메이크업 과정을 보여주면서 팁을 전하는 콘텐츠 같은 것 말이다.

하지만 앞서 살펴봤듯이 Z세대에게 과정의 의미가 달라지고 있다. 뚜렷한 목표나 결과물이 없어도 괜찮고 과정을 보여주는 것만으로도 충분히 의미가 있다. 따라서 정보를 전하지 않아도 된다. 이렇게 과정 그 자체를 콘텐츠로 즐기는 경우가 늘어나면서 새롭게 두드러지는 영상 콘텐츠가 있다. 바로 '포장 영상'이다.

포장 영상은 단어 그대로 무언가를 포장하는 과정을 기록한 영상이다. 포장 영상의 유행이 어디서 시작된 것인지는 명확하지 않으나 Z세대의 쇼핑몰 사장 브이로그나 문구 사장 브이로그도 어느 정도 영향을 미친 것으로 보인다. 10대 혹은 대학생이면서 N잡으로 쇼핑몰 사장에 도전하는 Z세대가 늘어났다. 이들 중 일부는 사장으로서의 일과를 브이로그로 찍어 공유했다. 그 과정에서 옷이나 굿즈를 검수하거나 포장하는 장면이 Z세대의 이목을 끌었다. 단순 반복 작업이 착착 진행되는 장면과 포장하는 소리가 ASMR처럼 안정감을 줬기 때문이다. 이후 구독자들의 요청에 의해서 포장을 하는 장면만 따로 담은 콘텐츠들이 올라오기 시작했다.

포장 영상은 매력적인 콘텐츠 포맷이 됐다. 앞서 언급한 브이로그의 사례처럼 실제로 제품을 포장하는 장면을 촬영하는 경우도 있지만 단지 영상 콘텐츠를 찍기 위해서 포장을 하는 경우도 생겨났다. "오늘 주문이 들어와서 '키티' 스티커 포장해볼게요"라고 이야기하고 포장을 하지만 사실은 진짜 주문이 아닌 콘텐츠 촬영을 위한 설정이다. opp 봉투나 래핑지, 스티커 등 다양한 용품을 사용해서 물건을 포장하고 그 과정을 찍어서 업로드한다.

포장 대상도 다양하다. 택배를 포장하기도 하고 포토카드나 스티커 같은 굿즈를 포장하기도 한다. 이 외에도 귀여운 문구류나 키

[VLOG] 역대급 asmr소리 _♥ 19차마켓 포장영상 / 문구사장, 포장브이로그_ asmr

Z세대와 알파세대 사이에서 유행하는 포장 영상_유튜브 뭉뭉작가

링, 인형 등 아이템은 무궁무진하다.

　포장 과정에서 얻을 수 있는 정보가 따로 있거나 완성됐을 때 쾌
감이 큰 것이 아니다. 하지만 예쁜 포장 용품을 사용해서 포장하는
과정 그 자체를 보는 것으로 충분한 심리적 만족감을 준다는 점에
서 포장 영상은 Z세대와 알파세대에게 꾸준히 사랑받고 있다. 포장
에 활용하기 좋은 opp 봉투나 래핑지, 스티커를 모아 판매하는 가
게나 개인 셀러가 인기를 끌고, 포장에 사용되는 용품과 관련한 영
상을 찍어서 올리는 계정을 일컫는 '포용계'라는 신조어가 생길 정
도로 포장 영상은 트렌드로 자리 잡았다.

　포장 영상이 인기를 끌면서 생겨난 또 다른 문화도 있다. 바로 자
신이 구매한 제품의 포장 영상을 요청하는 것이다. 포장 영상 콘텐

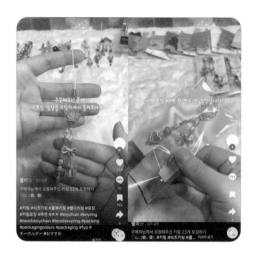

구매자가 요청한 키링 포장 영상
콘텐츠_틱톡 _.5t4r

츠를 올리는 크리에이터들은 대부분 쇼핑몰이나 마켓을 함께 운영한다. 그곳에서 제품을 구매하면서 자신이 구매한 물건을 포장하는 영상을 올려달라고 요청하기도 한다. 요청을 받은 판매자는 해당 제품을 포장하는 과정을 찍어서 '○○○ 님이 구매한 물건'이라는 제목으로 콘텐츠를 올린다. 판매자를 신뢰하지 못해서가 아니라 이를 비하인드 신처럼 생각한다. 내가 산 물건을 포장하는 과정이라고 하니 더 실감 나고 재미있게 볼 수 있고, 내 요청을 들어준판매자와 심리적으로 가까워졌다고 느낀다. 과정 그 자체를 콘텐츠로 즐기는 독특한 문화다.

비슷한 맥락으로 '스쿱마켓'도 유행이다. 스쿱마켓은 큰 바구니에 취급 품목을 전부 넣고 정해진 크기의 숟가락이나 주걱 등으로 퍼서 포장용 봉투에 담아 판매하는 마켓 운영 방식이다. Z세대 학생 사장들이 애용하며 구매 단위가 한 스쿱scoop이라서 스쿱마켓

이라고 부른다. 처음에는 주로 비즈나 지비츠, 스티커 등 포장 용품을 판매하는 방식이었지만 최근에는 포토카드나 간식, 슬라임, 의류 등 범위가 확대됐다.

Z세대 사이에서 유행한 스쿱마켓 콘텐츠는 곧 틱톡에서 유튜브와 릴스 등 다른 플랫폼으로 확산됐다. 틱톡에서 '#스쿱마켓' 해시태그 조회 수는 2023년 9월 기준 7600만 회를 돌파했으며, 번개장터나 당근에도 스쿱마켓 판매자가 등장했다.

스쿱마켓을 운영하는 콘셉트로 영상을 찍는 크리에이터도 많아졌다. 이 크리에이터들이 실제로 스쿱마켓을 운영하지는 않는다. 스쿱마켓 영상 시청자들은 물건을 구매하고 싶어서라기보다 귀여운 물건과 그 물건을 예쁘게 포장하는 과정을 보며 힐링하고 싶어 하기 때문이다.

스쿱마켓 특성상 판매자와 구매자 모두 영상을 찍기 전까지 어떤 제품을 발송할지 모르기 때문에 물건이 무작위로 담기는 과정을 보는 재미도 있다. 또 포장 과정을 영상으로 직접 확인한다는 점에서 신뢰도가 상승한다. 한 스쿱에 얼마나 많은 물건을 담는지, 얼마나 예쁜 물건이 담기는지, 첫 스쿱을 정말 그대로 발송하는지 등을 확인하는 게 Z세대가 생각하는 진짜 과정이다.

Z세대가 과정 콘텐츠를 소비하는 이유

이처럼 일상을 기록하는 영상부터 포장 과정을 보여주는 영상까지 Z세대 사이에서 다양한 과정 영상이 인기를 끌고 있다.

상세한 과정이 편집된 전후 비교 영상은 왠지 아쉽다. 신뢰성이 떨어지기도 하지만 제작자가 의도를 담아 보여주고 싶은 장면만 편집한 영상이다 보니 메시지도 한정돼 있어 밋밋하게 느껴진다. 반면 Z세대는 실패나 흠이 있더라도 과정이 강조된 콘텐츠에 매력을 느낀다. 이들이 선호하는 진짜의 순간을 발견할 수 있기 때문이다.

Z세대는 실수나 실패 장면을 보면서 실망하기보다는 공감하고, 크리에이터와 내적 친근감을 쌓는다. 편집되지 않은 영상을 보며 지루함을 느끼기보다는 나만의 재미 포인트를 찾으며 주체적으로 콘텐츠를 소비한다. 즉, Z세대에게 과정을 온전히 담은 콘텐츠란

자신의 시각에서 주도적으로 소비할 수 있고 작고 뾰족한 공감대를 찾을 수 있는 콘텐츠다.

편집하지 않은 과정은 Z세대에게 오리지널리티로 다가오기도 한다. 각자가 이루고자 하는 목표와 결과는 비슷할 수 있으나, 거기까지 도달하는 여정은 모두 다르다. 그런 만큼 과정을 담은 영상은 유일무이하고 독창적이라는 점에서 매력을 느낀다.

CHAPTER 15

진짜 관계를 담다

지금은 관계 콘텐츠 전성시대다. 텔레비전 예능 프로그램에서도 유튜브에서도 다양한 관계의 모습을 보여주는 콘텐츠가 쏟아지고 있다. 하지만 관계 콘텐츠라고 해서 모두 인기를 끄는 것은 아니다. 어떤 콘텐츠는 흥하고 어떤 콘텐츠는 외면받는다. 그럼 요즘 뜨는 관계 콘텐츠의 특징은 무엇일까?

Z세대는 관계 콘텐츠에서도 진짜를 추구한다. 친구, 커플, 부부, 가족 등 크리에이터 사이의 관계성을 꾸밈없이 보여주는 콘텐츠를 선호한다. Z세대는 연출되지 않고 자연스럽게 나타나는 '케미*'를 진짜라고 느낀다. 친구와 커플 사이에 대화를 나누다 자연스럽게 나온 반응이나 일상의 돌발 상황이 그것이다. Z세대가 좋아하는, 관계에서 드러나는 날것의 느낌은 무엇인지 살펴보자.

* 영어 단어 '케미스트리chemistry'에서 유래한 말로, 궁합이나 호흡을 의미하며 인물들이 잘 어울릴 때 '케미가 좋다'라고 표현

비주얼이 아닌 관계성에서 나오는 진짜 케미

보통 드라마나 예능 프로그램에서 등장인물끼리 잘 어울릴 때 '케미가 좋다'라고 한다. Z세대는 관계 콘텐츠에서도 케미를 중요하게 여기며 이를 적극적으로 소비한다. 원래 미디어 속 배우들끼리의 얼굴 합이 좋거나 비주얼이 잘 어울릴 때 케미가 좋다고 하지만, Z세대의 관계 콘텐츠에서 말하는 케미는 조금 다른 느낌으로 사용된다. 외적인 요소보다는 같이 있을 때 얼마나 분위기가 편안하고 자연스러운지, 대화에서 얼마나 '티키타카'가 잘되는지 등을 본다.

특히 친구들 간의 케미가 돋보이는 콘텐츠가 사랑받고 있다. 뷰티 유튜버 '레오제이'의 〈찐친 브이로그〉 시리즈는 Z세대 사이에서 '관계성 맛집'으로 유명하다. 레오제이는 본업이 메이크업 아티스트인 만큼 원래 뷰티 콘텐츠를 주로 업로드했다. 하지만 친구들과 찍은 브이로그로 더 유명해졌다.

〈찐친 브이로그〉는 같이 수다를 떨거나 여행을 가는 등 평범한 일상을 담은 콘텐츠지만, 등장하는 친구들 간 케미 때문에 시청한다는 사람이 많다. 심지어 레오제이와 친구들의 관계성을 분석한 커뮤니티 글도 있을 정도다. 친구 네 명의 MBTI가 E(외향형) 셋에 I(내향형) 하나인데 I인 인물 혼자 텐션이 낮은 모습, 각자 다른 캐릭터 때문에 어떤 인물과 붙는지에 따라 풍기는 분위기도 달라지는 모습 등이 웃음을 유발한다. 〈찐친 브이로그〉 영상에 달린 댓글들을 보면 인물 간 관계성을 자주 언급하는 것은 물론, 캐릭터 해석을

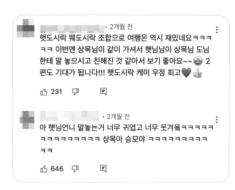

햇도시락의 부산 먹방 여행 콘텐츠
에 달린 댓글.유튜브 햇도시락 댓글

하며 재미있어한다.

먹방 유튜버 '입짧은햇님', '나도', '시니'가 함께 만든 '햇도시락' 채널도 비슷한 이유로 인기를 끌고 있다. 인물 간 케미와 친구들 사이에서 볼 수 있는 '찐 모멘트' 덕분이다.

유튜버들이 함께 채널을 운영하는 경우는 많다. 하지만 보통은 함께 기획한 콘셉트에 한정해 영상을 업로드하는 게 대부분이다. 그렇다 보니 채널 자체가 인기를 얻기보다는 그 안의 콘텐츠 소비에서 그치는 경우가 많다.

반면 햇도시락 채널은 세 유튜버가 각자 유튜브를 운영하고 있고 유튜버인 상태에서 친해졌음에도 진짜 친구처럼 편안하게 놀고 티키타카를 잘한다는 점이 채널 인기 요인으로 꼽힌다. 햇도시락 영상의 댓글에도 셋의 관계성과 케미에 대한 이야기가 주를 이룬다.

이처럼 관계성을 소비하는 흐름에 편승해 찐친과의 관계를 영상 콘셉트로 잡은 채널도 등장했다. 코미디언 박소라와 황정혜가 운영하는 유튜브 채널 '쉬케치'다. 쉬케치는 친한 친구라는 설정의 여자 두 명이 공감 가는 주제의 스케치 코미디*를 선보인다.

이 채널의 묘미는 진짜 친구들끼리 나눌 법한 대화 소재와 두 출연자의 자연스러운 케미다. 실제 댓글을 보면 "찐친도 이런 티키타카는 불가능하다", "친구 케미가 너무 좋다" 등 둘의 관계성에 대한 칭찬이 대부분이다. 크리에이터의 기획력과 캐릭터성이 돋보이는 콘텐츠라는 점은 2022년 주목받은 '공감형 콘텐츠'에 해당하는 특성이지만, 친구들의 관계성을 활용해 공감대를 형성한다는 점은 기존 스케치 코미디 채널과 차별화된 포인트다.

찐친 케미를 보여주는 콘텐츠는 왜 진짜처럼 느껴질까? 친구 사이의 자연스러운 티키타카는 대본이나 연출로 만들어내기 어렵다고 생각하기 때문이다.

어색한 사이거나 성격이 잘 맞지 않으면 케미는 나올 수 없다. 관계성이 생기기까지 알고 지낸 시간과 서사가 켜켜이 쌓여야 하고 성격까지 잘 맞아야 찐친 케미가 완성된다. 주변을 둘러보면 친하고 편안한 관계를 유지하고 있는 사람들과 티키타카가 잘된다는 것을 금방 알 수 있을 것이다. 관계 콘텐츠를 소비하는 Z세대 또한 이런 점을 인지하고 있기에 찐친 케미에서 날것의 매력을 느낀다.

• 스케치 sketch라고 불리는 일련의 짧은 장면으로 구성된 1~10분 길이의 코미디

영상으로 가족의 구성 과정을 엿보다

2023년 들어 가족의 모습을 보여주는 콘텐츠가 자주 눈에 띈다. 여기에서 가족의 모습이란 부부의 일상이나 육아는 물론 형제자매, 조부모, 이모나 삼촌, 조카 등도 포함하는 넓은 범위다. 유튜브 인기 급상승 동영상을 살펴보면 아이나 부부, 남매 등 가족의 모습이 담긴 영상의 섬네일이 꼭 하나쯤은 있을 정도다.

특히 주목할 콘텐츠는 원래 활동하던 크리에이터가 생애주기의 변화에 따라 가족을 구성하는 과정을 보여주는 경우다. 육아 콘텐츠를 주로 업로드하는 '유트루', '리쥬라이크', '트위티' 같은 채널이 이에 해당한다. 유튜버 리쥬라이크는 남편과 함께 아들 유준이를 육아하는 브이로그를 주로 업로드한다. 임신부터 출산, 산후조리원 생활까지 내밀한 일상을 전부 영상으로 남겼다. 특히 2023년 8월 기준 조회 수 350만 회를 기록한 '남편 없이 출산 브이로그'는 채널에서 가장 인기 있는 콘텐츠다.

시간이 흐르면서 결혼과 출산이 크리에이터의 일상이 됐기에 자연스럽게 배우자와 자녀도 영상에 등장한다. Z세대는 이를 자연스러운 변화로 생각하며 가족의 모습이 담기는 것을 거부감 없이 받아들인다. 또 함께 나이 들어가고 있다는 점에서 친근감을 느끼며 적극적으로 소비한다. 특히 남편이나 친동생, 부모, 친구들에게 임신 소식을 알리는 콘텐츠와 같이 주변인의 반응이 잘 드러나는 영상일수록 조회 수가 높게 나오는 편이다. 가족의 자연스러운 변화와 이에 대한 진짜 반응을 볼 수 있기 때문이다. 이처럼 크리에이터가 꾸며내지 않은 모습을 보여줄수록 구독자들은 크리에이터와 내적 친밀감을 느낀다.

구독한 기간이 길고 유튜버와의 심리적 거리가 가까울수록 구독자와 유튜버 간 유대감은 더욱 끈끈해진다. Z세대가 이런 영상들을 좋아하는 이유도 여기에 있다. 자신이 계속 지켜본 크리에이터가 가정을 꾸리는 것을 보며 뿌듯함을 느끼고 응원하고 싶어 하기 때문이다. 이들의 인생과 성장 과정을 간접적으로 함께한다는 점에서 일종의 연대감을 느낀다.

> "트위티는 이상적인 부부의 모습을 가식 없이 보여주는 것 같아요. 세세하고 꼼꼼하게 아내를 배려하기 위해 노력하는 남편과 그런 남편에게 고마움을 온전히 표현하고 같이 노력하는 아내의 모습에서 행복이 전해져요. 결혼 전부터 트위티의 채널을 시청했던 구독자로서 출산과 육아를 겪으며 부부도 함께 성장하는 모습이 신기하고 감동이에요."_제트워크 시즌 10 참여자 소짱(Z1044)

크리에이터와 같이 성장한 구독자들은 크리에이터를 '또래 레퍼런스●' 삼는 모습도 보인다. 유튜버 트위티는 대학생의 일상을 기록하던 콘텐츠에서 커플 브이로그, 결혼 브이로그를 거쳐 최근에는 육아 콘텐츠를 주로 다루고 있다. 학생 때부터 트위티를 구독하

● 유명인이 아닌 또래를 롤모델로 삼는 것

던 사람들은 이들 가족을 응원하는 한편, 트위티와 남편의 관계를 이상적인 부부의 모습으로 꼽고 배울 점을 찾기도 한다.

이렇게 최근에는 위대한 업적을 세운 유명인보다 나도 따라 할수 있을 정도의 라이프스타일을 가진 또래를 롤모델로 삼는 경우가 많은데, 인간관계까지도 콘텐츠에서 레퍼런스를 찾는다. 또 가족을 대하는 모습이나 배우자를 배려하는 태도, 친구와 싸우고 화해하는 방법 등 다양한 레퍼런스를 참고할 수 있다.

순간의 반응과 케미를 담은 관계 콘텐츠

더 날것의 관계와 케미를 보여주는 콘텐츠도 있다. 바로 숏폼 콘텐츠에서 보이는 관계 콘텐츠다. 최근 Z세대는 일상을 기록하는 방식으로 숏폼을 애용한다. 다양한 숏폼 플랫폼에는 친구나 커플, 부부, 아이와의 모습을 담은 콘텐츠가 업로드된다.

숏폼 관계 콘텐츠에는 특징이 있다. 각 잡고 찍은 것이 아니라 친구나 연인, 아이와 함께 있는 일상에서 예상치 못했던 재미를 준 한순간을 포착한 경우가 많다는 점이다.

유명한 크리에이터의 일상이라서, 특별한 장소에서 있던 일이라서 좋아하는 게 아니다. 어떤 순간의 현실적인 모습과 거기에서 유발되는 '찐 텐션'이 Z세대의 반응을 이끌어낸다. 배달 온 치킨을 받으러 가는 남편의 모습이나 좋아하는 과자를 남자친구에게 기억하게 만드는 여자친구의 모습처럼 일상 자체를 담는다.

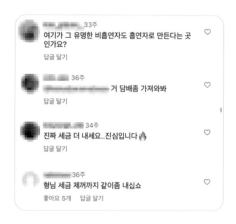

여기가 그 유명한 비흡연자도 흡연자로 만든다는 곳 인가요?
답글 달기

거 담배좀 가져와봐
답글 달기

진짜 세금 더 내세요..진심입니다🔥
답글 달기

형님 세금 제꺼까지 같이좀 내십쇼
좋아요 5개   답글 달기

온라인 흡연장이 돼버린 댓글 창_인스
타그램

이런 콘텐츠는 일상 사진을 주로 업로드하는 인스타그램과 연동된 릴스에서 쉽게 찾아볼 수 있다. 릴스는 인스타그램과 결이 비슷하고 다른 플랫폼에 비해 일반인이 업로드한 콘텐츠가 많아 심리적 장벽이 낮아서인지, 이런 콘텐츠가 자주 눈에 띈다.

처음 보는 인물이라도 영상에서 그들의 생생한 일상과 찐 텐션이 보인다면 Z세대는 아낌없이 좋아요를 누르고 댓글을 단다. 그래서 최근 인스타그램을 둘러보면 인플루언서가 아닌 사람의 릴스 영상이 조회 수가 100만 회를 넘어가는 경우를 종종 발견할 수 있다.

진짜 친구, 커플, 부부의 케미를 볼 수 있는 숏폼 영상이 늘어나면서 재미있는 밈도 생겼다. 이른바 '온라인 흡연장' 또는 '사이버 흡연장'이다.

행복한 가족이나 커플의 영상을 보며 흐뭇하게 웃다가 현타가 와 부러운 마음을 웃긴 댓글로 표현하는 것이다. 사이 좋은 커플의 모습이 담긴 영상에는 "여기가 흡연장인가?", "형님, 세금 두 배로 내십시오"같이 부러운 마음을 표현한 댓글들이 달리며 커뮤니케이션이 활발하게 일어난다. 이런 댓글에서도 꾸미지 않은 진짜 일상에서 나오는 관계를 선호하는 모습이 엿보인다.

CHAPTER 16

편집과 연출을 덜어내다

날것 선호 현상은 예능 콘텐츠에도 녹아들고 있다. 과거에는 예능 프로그램이 성공하려면 편집이 매우 중요했다. 당시 인기 있던 예능 프로그램의 편집 스타일을 따라 하는 것을 정석으로 여겼다. 〈무한도전〉의 자막 스타일이나 쉴 새 없이 재미있는 부분이 몰아치도록 편집의 묘를 살리는 형식이 소위 대박 난 예능의 성공 공식이었다. 레거시 미디어에서 트렌드가 된 이런 편집 스타일은 웹 예능으로도 이어졌다. 편집이 재미있어서 사랑받은 콘텐츠를 떠올려보면 꽤 많은 영상이 머릿속에 스쳐 지나갈 것이다.

그런데 최근 들어 정석에서 벗어난 콘텐츠들이 늘어나고 있다. 편집과 연출을 최소화하고 있는 그대로의 모습을 보여주는 라이브 방송 느낌의 콘텐츠가 한 예다. 라이브 방송은 특성상 편집 없이 전체 과정을 내보낼 수밖에 없다. 또 포인트만 모아놓은 편집본이 아니다 보니 러닝타임이 다소 긴 편이다.

하지만 Z세대는 이렇게 러닝타임이 긴 콘텐츠를 부담스러워하지 않는다. 오히려 매 순간 집중하지 않아도 돼 피로감이 덜하다며 이런 느슨한 콘텐츠를 찾는다. 최근 인기 급상승 동영상을 보면 라이브 방송이 아닌데도 러닝타임이 길고 대화의 흐름이 날것에 가까운 콘텐츠들이 자주 보인다. Z세대가 이런 콘텐츠를 좋아하는 이유와 편집의 변화를 살펴보고자 한다.

매 순간 집중할 필요는 없다

2023년 유튜브 콘텐츠 업계에는 새로운 이슈가 하나 있었다. 바로 〈1박 2일〉, 〈삼시세끼〉, 〈뿅뿅 지구오락실〉 등 인기 예능 프로그램을 연출해온 나영석 PD가 침착맨의 라이브 방송에 출연해 유튜브 운영에 관해 조언을 구한 것이다. 나영석 PD는 텔레비전 예능에서 웹 예능으로 넘어오며 다양한 변화를 겪었지만 기존 방송의 틀을 깨는 것이 어려워 고민하던 중, 침착맨 같은 라이브 방송을 한번 해보고 싶어 침착맨 채널에 출연했다고 이야기했다.

침착맨은 나영석 PD에게 편집이나 연출을 너무 '빡세게' 하지 말라고 조언한다. 매 순간 재미있으면 그만큼 집중력이 필요해지고 그러면 시청자들은 쉽게 피곤함을 느끼게 된다며, 부담 없이 오래 볼 수 있는 콘텐츠를 만들어야 한다는 의미다. 잠깐 딴짓을 해도 계속 볼 수 있는, 놓쳐도 아깝지 않은 콘텐츠 말이다.

나영석 PD는 이 컨설팅을 진심으로 받아들였다. 그리고 '채널 십

침착맨의 라이브 방송(침착맨 초대석)에 출연한 나영석 PD_유튜브 침착맨

오야'에서 '침착맨에게 배워 왔습니다'라는 제목으로 라이브 방송을 시도했다. 침착맨의 조언에 맞게 개편한 방송은 2개월 만에 조회 수 194만 회를 기록했다. 이후 라이브 방송처럼 편안한 분위기에서 대화하는 형식의 콘텐츠인 〈나영석의 나불나불〉도 좋은 반응을 이끌어냈다. 연출된 예능에서 봐온 배우들이 편안한 공간에서 스태프들과 자유롭게 수다를 떠는 모습이 느슨한 날것의 인상을 주기 때문이다.

이처럼 콘텐츠 업계에서는 날것을 선호하는 트렌드와 맞물리면서 러닝타임이 길고 편집을 최소화한 느슨한 콘텐츠의 소비가 늘어나고 있다. 최근 인기 급상승 동영상에 올라오는 콘텐츠를 보면 이런 변화를 체감할 수 있다. 유튜브 '뜬뜬' 채널의 〈핑계고〉나 〈실비집〉, 채널 십오야에서 나영석 PD가 진행한 라이브 방송 편집본 같은 느슨한 콘텐츠들은 전부 기존 웹 예능의 정석과는 어느 정도

자극 없이 잔잔하고 편안한 대화를 나누는 〈실
비집〉_유튜브 뜬뜬

러닝타임이 1시간 정도로 긴 〈핑계고〉_유튜
브 뜬뜬

거리가 있다.

〈실비집〉은 호스트 남창희가 집에서 직접 요리를 하는 콘텐츠다.
〈실비집〉 1화는 올라가자마자 조회 수와 댓글이 폭발했는데, 대부
분 크게 자극적이지 않고 잔잔하고 편안하게 대화하는 모습이 무
해하고 전문적이지 않아 좋다는 반응이었다. 큰 방향성 없이 대화
주제가 들쑥날쑥한 것도 오히려 신선하다는 반응을 얻었다.

같은 채널의 〈핑계고〉 역시 별다른 기획이나 연출 없이 토크만으

로 진행되는 콘텐츠다. 영상에서 의식의 흐름대로 흘러가는 대화가 친한 친구들과 수다를 떠는 편안한 느낌이어서 계속 보게 된다는 사람들이 많았다.

▼

편집은 덜어내고 자막은 가볍게

Z세대는 편집에 민감하다. 퀄리티의 문제가 아니라 편집 여부의 문제다. 이들은 편집자의 주관이 들어간 자막이나 효과를 경계하고, 소위 '악마의 편집'에 반감을 드러낸다. 〈프로듀스 101〉이나 〈쇼미 더 머니〉 같은 경연 프로그램을 보고 자란 세대여서 그럴지도 모르고, 가짜 뉴스가 판치고 낚시성 콘텐츠가 난무하는 시대에 진짜 정보를 찾고 싶어 하기 때문일지도 모른다. 그래서 이들은 오히려 편집되지 않은 모습에서 진정성을 느끼고 라이브 방송 같은 날것을 선호한다.

날것을 선호하는 흐름은 엔터테인먼트 전반에 영향을 미치고 있다. 넷플릭스의 전투 서바이벌 프로그램 〈사이렌: 불의 섬〉은 제작진의 개입을 극도로 자제하고 출연자의 인터뷰와 대사를 활용해 자막을 구성했다. 과하게 편집하지 않고 사실에 입각한 자막에 시청자들은 긍정적인 반응을 보였다.

넷플릭스 예능은 소위 '예능식 자막'을 덜어내 눈길을 끌고 있다. 〈피지컬: 100〉, 〈코리아 넘버원〉에서도 재미를 위해 덧붙이는 설명형 예능식 자막은 보이지 않는다. 오히려 편집 스타일이나 자막

(민수)
좋아 모르면 어쩔 수 없지 뭐

[초등학교 고학년 수준의 높은 질문에 감탄하는 스텔라장]

웹 예능 <피식쇼>의 넷플릭스 스타일 자막 유튜브 피식대학

이 다큐멘터리에 가깝다. 과한 CG는 지양하고, 그래픽을 활용한 자막 대신 출연자의 실제 대사를 깔끔한 폰트로 보여준다. 출연자의 행동을 표현할 때도 기존 예능에서는 따로 말풍선을 넣거나 대사와는 다른 폰트를 사용했는데 넷플릭스 예능은 대사와 같은 폰트를 활용한다. 이는 넷플릭스가 글로벌 OTT 플랫폼이어서 생긴 특징이기도 하다.

예능식 자막은 한국 예능에서 유행한 것이어서 해외 시청자는 다소 생소하게 느낄 수 있다. 넷플릭스는 콘텐츠를 여러 국가에 제공하기 때문에 오리지널 예능 콘텐츠를 만들 때도 별도의 편집 없이 대사만 보여주는 자막을 사용했다. 넷플릭스의 영향력이 커지면서 이제는 넷플릭스 스타일 자막도 자주 보인다. 넷플릭스 스타일 자막이란 화자의 대사를 기반으로 하며, 대사 앞에 화자의 이름을 밝히고, 배경 음악을 비롯한 소리에 대한 정보를 함께 보여주는 스타일이다. OTT 플랫폼의 인기로 소비자들이 이런 자막에 익숙해지자 넷플릭스 제작 콘텐츠가 아니지만 유사한 자막 형태를 활용하는 경우가 많아졌다. 한 예로 유튜브 웹 예능 〈피식쇼〉는 넷플릭스 오리지널 콘텐츠에서 사용하는 자막 형태를 차용했다. 화자의 행동을 설명하는 데 제작진의 드립을 녹여 웃음을 유발한다.

비하인드 콘텐츠에서 진짜 정보를 듣는다

또 다른 트렌드는 바로 비하인드 콘텐츠를 공유하는 경우가 늘고 있다는 점이다. 비하인드 콘텐츠는 편집으로 덜어낸 이야기뿐만 아니라 카메라에 찍히지 않은 이야기들까지 알고 싶어 하는 Z세대의 니즈에 부합한다. 앞서 소개했던 나영석 PD도 자신의 채널에서 라이브 방송으로 비하인드 콘텐츠를 적극적으로 보여준다. 자신이 맡은 tvN 예능 프로그램 〈뿅뿅 지구오락실2〉에 나온 출연자들과 함께 방송을 보며 솔직하게 리뷰하고, 〈서진이네〉를 제작한 조연출들과 촬영할 때 있었던 일들을 '썰'로 풀며 메인 콘텐츠 이면의 이야기를 공유한다.

이런 콘텐츠의 댓글을 살펴보면 프로그램의 준비 과정과 궁금했던 에피소드를 들을 수 있어 좋다는 반응이 대부분이다. 또 제작진이 직접 비하인드 스토리를 풀어주는 것을 긍정적으로 바라본다.

[라이브] 침착맨에게 배워왔습니다 시리즈 1
탄 : 라이브는 길게 (ft. 신원호 김대주)

조회수 228만회 · 스트리밍 시간: 2개월 전

김대주 작가가 출연한 영상_
유튜브 채널 십오야

웨이브 〈피의 게임 2〉에 편
성된 비하인드 영상_웨이브

취업을 준비할 때 현직자에게 정보를 듣고 싶어 하는 것과 비슷한
맥락이다. 제작진이 기획한 콘텐츠에 대해 입을 열 수 있는 자리는
제작 발표회나 시사회 등 공식적인 일정을 제외하면 거의 없다. 제
작진이 주가 된 콘텐츠 이야기는 다른 곳에서 들을 수 없는 찐 정보
다. Z세대가 생각하는 날것의 개념과 딱 맞아떨어진다.

　요즘 크리에이터들은 종종 행사에 참여하거나 특정 콘텐츠를 제
작할 때 있었던 일에 대한 비하인드 콘텐츠를 올려주곤 한다. 예를
들어 여행 릴스를 찍으면서 있었던 일을 비하인드 영상으로 풀거

나 시상식이나 페스티벌에 참여한 날의 이야기를 따로 콘텐츠로 만드는 식이다.

이런 트렌드를 방송국과 OTT 플랫폼에서도 차용하고 있다. 넷플릭스 오리지널 예능 〈피지컬: 100〉의 경우 출연진들이 함께 에피소드를 보며 리뷰하는 영상이 넷플릭스 코리아 유튜브 채널에 올라왔다. 웨이브 오리지널 예능인 〈피의 게임 2〉는 비하인드 회차를 아예 따로 편성하기도 했다.

과정 콘텐츠로 Z세대 소비자와 케미를 만드는 방법

진짜를 좋아하는 Z세대의 특성과 이들이 주로 소비하는 콘텐츠 형식을 잘 활용한다면 Z세대 소비자와 더욱 끈끈한 관계를 만들 수 있다. 브랜드에서 프로젝트를 선보이기 전에 콘텐츠로 잠재적 소비자와 관계를 형성해 기대를 높이는 것이다.

기획자는 대부분 결과물이 100% 완성됐을 때 오픈하기를 바란다. 그래서 신제품 론칭과 함께 각종 프로모션을 진행하고 홍보 콘텐츠를 노출한다. 하지만 꼭 제품 출시일이나 행사일에 맞춰 콘텐츠를 내보내야 할 필요는 없다. Z세대는 무엇인가를 만들어가고 성취해나가는 과정 자체에 주목하고 있다. 이들이 과정을 기록하는 콘텐츠에 익숙하다는 점을 이용해보자.

프로젝트 준비 과정을 매일 짧게 기록하는 것은 어떨까? 예를 들어 '신제품 출시 D-30일'과 같은 타이틀로 제품 구상 과정, 회의, 콘셉트, 디자인 등을 하나씩 보여주는 것이다. 숏브이로그 같은 느낌으로 만든다면 제품에 대한 관심은 물론, 기업이 일하는 과정이나 조직 문화도 자연스럽게 노출할 수 있다.

이때 브랜드 입장에서 각 잡고 콘텐츠를 만들기보다는 해당 행사나 제품을 담당하는 직원의 관점에서 기획하는 게 훨씬 반응이 좋을 것이다. Z세대에게는 회사보다 직원이 만든 콘텐츠가 훨씬 사적이고 날것처럼 보일 테니 말이다.

CJ제일제당에서 운영하는 <엔리치툰>_인스타
그램 nrich_cartoon

꼭 콘텐츠가 영상의 형태일 필요는 없다. '인스타 툰'이나 기업 블로그를 운영하는 방법도 있다. 기업 인스타 툰은 직원들을 등장 인물로 설정해 일에 관한 이야기를 풀어내는 형태가 인기가 높다. 꼭 전사의 이야기를 다 다룰 필요는 없다. CJ제일제당에서는 푸 드&뉴트리션 테크 사업부의 브랜드마케팅팀 이야기를 인스타 툰 에 자연스럽게 녹여내고 있다. 이와 유사하게 직원의 시각으로 현 재 진행 중인 프로젝트를 콘텐츠로 풀어내면서 일상 이야기나 직 무 관련 정보를 함께 곁들인다면 반응이 좋을 것이다.

매일 일상을 기록하는 게 어렵다면 어떤 제품을 만들기까지의 과정이나 팝업 스토어 같은 프로모션을 열기까지의 과정 전체를 하나의 콘텐츠에 담을 수도 있다. 패션 브랜드 '세터업'은 기업 유튜브 채널에 더현대 서울 팝업 스토어 준비 과정을 담은 영상 콘텐츠를 공개했다. 더현대 서울에서 행사를 진행하게 된 배경, 팝업 스토어 공간을 디자인하는 과정, 준비하면서 있었던 갈등이나 힘들었던 에피소드 등을 영상에 솔직하게 담아냈다. 해당 브랜드를 알고 있는 사람은 준비 과정을 더 재미있게 볼 수 있고, 잘 모르는 사람은 콘텐츠로 자연스럽게 브랜드에 관심을 가질 수 있다.

디저트 카페나 문구 브랜드에서도 팝업 스토어나 각종 행사를 준비하는 과정을 콘텐츠로 만든다. 그중 문구 마켓을 운영하는 유튜버들의 '서일페(서울 일러스트 페어)' 준비 과정을 기록한 영상의 수요가 많은 편이다. 문구류를 좋아하는 사람들이 포장 영상을 찾아보는 것처럼 관심 있는 이벤트를 준비하는 과정에도 흥미를 가지는 듯하다. 오프라인 행사를 진행할 계획이라면 이런 콘텐츠를 브랜드를 알리고 팬을 만들 기회로 활용하는 것도 좋겠다.

프로젝트가 끝난 뒤에도 브랜드의 메시지를 잘 갈무리해 전달하면 소비자와의 관계를 돈독히 다지고 지속적으로 흥미를 유발할 수 있다. Z세대는 과정만큼이나 비하인드 스토리에 대해서도 관심이 지대하다. 실제로 많은 사람이 콘텐츠나 마케팅, 브랜드 뒷이야기를 궁금해한다.

퍼블리나 폴인, 롱블랙 같은 콘텐츠 구독 서비스에서도 여러 브랜드의 마케팅이나 제품 기획에 대한 비하인드 이야기를 다루고 있다. 퍼블리에서는 최근 성료한 제주맥주의 제주위트 시장-바 팝업 기획 비하인드 콘텐츠를 발행했다. 팝업 스토어 기획을 맡은 제주맥주 실무자들은 행사를 진행하며 브랜드 입장에서 고민했던 부

퍼블리의 제주위트 시장-바 팝업
기획 비하인드 콘텐츠_퍼블리

도서전, 유튜브 촬영, 잡지 마감 등
출판사에서 진행하는 다양한 업무
를 보여주는 민음사의 <출판사 비
하인드썰> 시리즈_유튜브 민음사
TV

분이나 기획 의도, 전하고자 한 메시지 등을 전달하며 소비자들에
게 한 번 더 브랜드의 메시지를 각인시켰다. 이뿐만 아니라 운영 방
식이나 장소 선정 팁 등 찐 정보도 톡톡히 제공했다. 진행 과정에서
있었던 일들을 솔직하고 자세하게 풀어냈기에 콘텐츠에 대한 반응
또한 좋았다.

마케팅 비하인드 스토리를 누가 이야기하느냐도 중요하다. 대표

나 리더가 주체인 것도 좋겠지만 Z세대에게는 직접 발로 뛴 실무진의 이야기가 더욱 가닿을 것이다. 대단한 인사이트를 제공해야 할 필요는 없다. 그냥 있었던 일들과 진행하며 느꼈던 감정을 솔직하게 풀어내기만 해도 흥미를 유발할 수 있다.

채널 십오야의 〈빠삐용 특집〉을 봐도 그렇다. 〈환승연애〉의 이진주 PD가 출연해 나영석 PD와 일했던 경험과 프로그램을 제작하며 겪은 일을 사실대로 서술했을 뿐인데 시청자들은 큰 재미를 느낀다. 한편 '민음사TV'에서는 아예 회사에서 있었던 에피소드를 모아 〈출판사 비하인드썰〉이라는 시리즈를 만들었다.

상품이나 콘텐츠를 기획할 때, 규모가 큰 브랜드 캠페인을 진행할 때, 이벤트 굿즈를 제작할 때와 같이 업무와 연관되는 주제여도 좋고 채용 후기, 면접 후기 등 직원 개인에 맞춘 소재여도 괜찮다. 비하인드 콘텐츠로 지나간 이벤트나 행사, 이미 출시된 제품 등이 다시 '끌올'될 수도 있고 팬덤이 형성될 수도 있으니 일단 시도해보자. 긴장한 모습을 보일 것 같다거나 전문 인력이 없어 돌발 상황이 일어날까 봐 걱정할 필요는 없다. Z세대는 꾸며내지 않은 날것의 느낌을 좋아하니까. 이들은 어설픈 모습을 보이거나 실패담을 담은 비하인드 콘텐츠를 오히려 더 좋아할지도 모른다.

PART 3.

잘파세대가 살아갈 세상

INSIGHT 1.

앞으로의 Z세대 그리고 알파

잘파세대를
바라보는
새로운 시각

우리는 지난 5년간 인류 역사에 획을 긋는 사건을
여럿 경험했다. 장기간의 팬데믹을 겪은 후 엔데믹으로
전환하며 연이은 급변기를 맞이했다.
Z세대와 알파세대를 합친 잘파세대는 MZ세대라는
용어를 쓰기 시작한 지 불과 5년 만에 등장했다.
초개인화 시대에 나고 자란 Z세대는
이전 어느 세대보다도 자신의 존재감을 뚜렷하게 자각하고
자기 캐릭터를 정교하게 발전시킨다.
그리고 잘파세대는 이런 경향성을 더욱 진하게 띨 것이다.
이번 인사이트에서는 학교와 가정의 변화 모습을 중심으로
트라이브십 시대에 주목해야 할 잘파세대의 특성을
살펴보고자 한다.

CHAPTER 17

알파세대를
'벌써' 논하는 이유

"사람들의 일상을 완전히 바꿔놓은 기술적 사건을 알려줘."

챗GPT에게 물었다. 예상대로 인터넷의 보급, 스마트폰의 보급, 소셜 미디어의 부상, 온라인 쇼핑의 대중화, 스트리밍 서비스의 등장, 이렇게 다섯 가지 사건을 답변으로 내놓았다. 그런데 결정적인 것이 빠졌다. 바로 AI의 일상화를 대표하는 아이콘, 챗GPT의 등장이다. 2021년 9월까지의 정보를 바탕으로 한 서비스다 보니 자기 자신의 등장은 미처 떠올리지 못한 모양이다.

2023년 최고의 핫 이슈를 꼽으라면 많은 이가 단연 챗GPT를 꼽을 것이다. 교보문고에서 챗GPT를 검색하면 2023년 8월 기준 최근 6개월 이내 발행한 종이책만 200여 건이 뜬다. 챗GPT의 의의와 함께 미래를 예측하는 책이나 구체적인 활용법을 알려주는 책들이 주를 이루는데 독자 타깃이 상상 이상으로 세분돼 있다. 직종별 업무 활용 가이드는 기본이고,《AI 챗GPT 시대 ESG 지속가능

2023년 최고의 핫 이슈, 챗GPT

교보문고 챗GPT 관련 도서 리스트

제목	활용 분야·대상
《AI 챗GPT 시대 ESG 지속가능경영보고서 작성 실무》	업무-보고서
《챗GPT + 엑셀 업무자동화 정석》	업무-엑셀
《가장 빠르게 데이터 분석 전문가가 되는 마법의 챗GPT 활용법》	업무-데이터 분석
《디지털 마케터의 챗GPT 활용 전략》	업무-마케팅
《챗GPT를 활용한 영어과학논문 작성법》	연구자
《수업에서 바로 활용하는 챗GPT 교과서》	교사
《선생님이 먼저 배우는 챗GPT》	교사
《챗GPT 목사님 안녕하세요》	교회
《챗GPT, 주일학교는 어떻게 사용할까?》	교회
《챗GPT 하루 딱 9,900원 스마트 농업 마케팅》	스마트농업
《챗GPT와 웹소설 쓰기》	창작자
《창작자를 위한 챗GPT 저작권 가이드》	창작자
《챗GPT가 제안하는 미래 자녀 교육》	부모
《Y대 공대생이 알려주는 어린이 챗GPT 공부법》	청소년(초등·중등)
《챗GPT 시대 10대를 위한 진로직업》	청소년(초등·중등)
《챗GPT 수행평가 완전 정복》	청소년(중등·고등)
《챗GPT로 미국 대학 에세이 쓰기》	유학생
《채용전문가가 국내 최초 밝히는 챗GPT 자기소개서》	취업준비생
《마흔 이후 챗GPT 활용 가이드북》	40·50대

경영보고서 작성 실무》,《챗GPT+엑셀 업무 자동화 정석》,《챗GPT
를 활용한 영어과학논문 작성법》등 구체적인 업무에 활용하는 방
법을 알려주는 책까지 있다.《수업에서 바로 활용하는 챗GPT 교과
서》,《선생님이 먼저 배우는 챗GPT》등 교사를 타깃으로 한 책,《챗
GPT 목사님 안녕하세요》와 같이 교회를 타깃으로 한 책도 있고,
《Y대 공대생이 알려주는 어린이 챗GPT공부법》,《챗GPT 시대 10
대를 위한 진로직업》,《마흔 이후 챗GPT 활용 가이드북》등 연령대

별로 구분한 책도 있다. 이처럼 산업계를 넘어 교육계와 종교계에서도 챗GPT의 등장에 깊은 관심을 보이며 챗GPT는 나이 불문 대중의 일상 곳곳에 빠르게 스며들고 있다.

새로운 이슈가 된 알파세대

2023년 마케팅 업계에서 화두가 된 또 다른 이슈가 있다. Z세대의 뒤를 잇는 알파세대. 밀레니얼세대에 이어 Z세대에게 이목이 집중된 지 불과 2~3년밖에 흐르지 않았는데 벌써 알파세대에 관한 논의가 이뤄지고 있다.

대학내일20대연구소가 《밀레니얼-Z세대 트렌드 2022》에서 언급했듯이, 새로 논의된 세대의 기준과 특징을 등장 초기부터 뚜렷하게 구분 지어 말하기는 어렵다. 특히 미성년일 때는 부모의 영향, 청소년기, 아동기라는 생애주기적 특성과 학생이라는 신분적 특성이 더 크게 작용한다. 또 직전 세대의 습성을 어느 정도 물려받기 때문에 초기에는 특성이 명확히 구분되기보다 진화, 발전해나가는 양상을 띤다. 이는 Z세대의 끝이자 알파세대의 시작이 아직 분명하지 않은 이유[*]이며 시중의 여러 도서나 보고서, 아티클이 꼽은 알

• 세계 최초로 알파세대라는 용어를 만든 호주의 리서치 기업 맥크린들연구소는 알파세대의 시작을 2010년부터 명시했으나, 이는 통상적으로 한 세대를 15년으로 계산하면서 자연스럽게 정해진 구간임. 미국의 대표적 싱크탱크인 퓨리서치센터는 Z세대의 끝을 잠정적으로 2012년으로 보고 있으나 명시적으로 정의하지 않았음

파세대의 습성과 가치관이 그간 Z세대의 특징으로 언급돼온 것들과 유사한 이유이기도 하다.

세대 기준과 특징은 인구, 경제, 교육, 문화, 기술, 사회·정치적 측면에서 결정적 영향을 미친 여러 가지 사건과 요소들을 설명할 수 있을 때 더 명확해진다. Z세대에 대한 연구와 분석이 미처 무르익기도 전에 알파세대에 대한 관심이 빠르게 증가한 이유가 무엇일까? 저출생이라는 시대적 환경과 밀레니얼세대 부모라는 새로운 부모세대의 등장이 맞물려, 어린 시절부터 구매력과 트렌드 영향력을 가진 세대라는 점이 밑바탕이 됐을 것이다.

무엇보다 2023년에 알파세대가 큰 화두로 떠오른 데는 인공지능의 일상화를 단숨에 앞당긴 챗GPT가 한몫했다. 인류 역사에서 챗GPT가 인터넷 발명과 스마트폰 등장 이상의 영향력을 가질 것이라는 사실을 모두가 체감했다. 그래서 미래 시대를 지배하는 가치가 지금까지와는 완전히 달라질 것이고 챗GPT 시대에 성장할 다음 세대는 다른 DNA를 가질 것이란 점을 누구나 쉽게 짐작할 수 있었다.

세대론에서 한 세대는 보통 약 15년 주기를 가진다. 지금처럼 빠르게 기술이 진화하고 트렌드가 변하는 시대에 15년은 동일한 특성을 유지하기에는 다소 길다. 그래서 대학내일20대연구소는 한 세대를 전기와 후기, 이렇게 두 구간으로 나눠 분석한다. 14년간 이뤄진 세대 연구를 토대로 봤을 때 전기는 이전 세대와 본인 세대 사이에서 과도기적 성향을 보이고, 후기는 해당 세대의 특성을 더 뚜렷하게 가진다. 일례로 밀레니얼세대(1981~1995년 출생)를 전기 밀레니얼세대(1981~1988년 출생)와 후기 밀레니얼세대(1989~1995년 출생)

188

로 구분해 분석하면, 전기 밀레니얼세대는 X세대와 밀레니얼세대의 과도기적 성향이 강하다. 흔히 '밀레니얼 특징'이라고 일컫는 것들은 후기 밀레니얼세대에서 뚜렷하게 나타난다. Z세대의 경우 아직 후기 Z세대가 10대에 속해 있어 생애주기적 특성과 학생 특성이 강하게 나타나기 때문에 전기와 후기를 명확히 구분하기에는 이르지만, 코로나19가 전기 Z세대와 후기 Z세대를 가르는 결정적 사건이 됐을 것으로 예측한다.

코로나19는 학교부터 기업까지 사회 전반에서 비대면을 일상화했고 메타버스와 아바타의 유행에 불을 지폈다. '집콕'하는 동안 미디어의 헤게모니가 OTT로 완전히 넘어왔다. 무너진 일상을 지키고 탄탄하게 다지기 위해 시작된 갓생 문화는 욜로 문화를 종식시키고 2020년대의 시대적 조류가 됐다. 생활에서 크게 체감하지 못했던 환경 위기가 비로소 전 인류의 발등에 떨어진 불이 돼 ESG가 정부와 기업, 시민의 일대 관심사로 등극했다. 즉, 코로나19 시기에 일어난 사람들의 소비, 관계, 가치관 변화는 엔데믹과 함께 끝나지 않았고, 지금까지 그리고 앞으로도 오랫동안 지속할 메가트렌드로 자리 잡았다.

이 시기에 중고등학생, 대학생이었던 Z세대에게 이런 변화는 평생을 지배할 패러다임이 됐을 것이다. 그래서 2020~2021년에 갓 성인이 된 2001~2002년생 즈음부터 후기 Z세대로서 진짜 Z세대의 모습을 뚜렷하게 나타내지 않을까 조심스레 예측한다.

미래세대에 대한 사회의 관심이 Z세대를 넘어 이후 세대까지 멀리 미쳐 있다는 것은 확실하다. Z세대의 특성이 후기 Z세대에게서 더 뚜렷하게 나타난다는 점을 고려할 때, 현시점에서 미래세대는 코로나19 이후 성인이 된 Z세대(잠정적으로 후기 Z세대)와 알파세대라 할 수 있다. 다시 말해 당분간은 이 두 세대를 묶은 잘파세대를 미래세대를 통칭하는 의미로 사용할 수 있을 것이다.

초개인화 시대에 나고 자란 Z세대는 이전 어느 세대보다도 자신의 존재감을 뚜렷하게 자각하고 자기 캐릭터를 정교하게 발전시키는 세대다.• 이들은 자신을 하나의 완성된 모습이 아니라 다면적으로 확장해나간다. 그리고 이렇게 다면적인 정체성을 바탕으로 동시에 수십 가지 트라이브십을 형성한다. 잘파세대는 이런 하이퍼 퍼스낼리티 경향성을 더욱 진하게 띨 것이고, 얼마나 탄탄한 트라이브십을 만들고 이끌어갈 수 있는지가 핵심 역량으로 떠오를 것이다. 이번 인사이트에서는 잘파세대의 주 생활 공간인 학교와 가정의 변화 모습을 중심으로 트라이브십 시대에 주목해야 할 부분을 짚어볼 것이다. 또 잘파세대의 미래 일터인 기업이 트라이브십 시대의 잘파세대를 어떻게 바라보고 받아들여야 할지 다뤄보고자 한다.

• 대학내일20대연구소는 《Z세대 트렌드 2023》에서 이런 Z세대의 특성을 하이퍼 퍼스낼리티로 정의하며, 다면적이고 가변적이며 과정형으로의 나를 만들어가는 세대라 설명

CHAPTER 18

학교의 변화

3년간 한 번도 같은 학교 친구들과 한 공간에 모여본 적 없이 졸업한다면 같은 학교를 다녔다는 사실이 의미를 지닐 수 있을까? 비대면으로도 쉽게 인연을 맺고 친구를 만드는 세대인 만큼 그 와중에도 친한 친구들을 만들기는 하겠지만 '학교' 또는 '반'이라는 행정적 소속을 바탕으로 한 큰 범주에서는 친밀감과 소속감이 많이 떨어질 것이다. 팬데믹 3년은 학교에서 맺을 수 있는 관계를 약화했을 뿐만 아니라 학교의 존재감 자체를 흐릿하게 만들었다.

그런데 작용 반작용이라 했던가? 이 3년이라는 시기가 변곡점이 돼 수십 년간 이어져온 획일적이고 일방적인 교육 방식에 변화가 일어나고 있다. 개인화 시대에 부합하는 맞춤형 교육, 자기주도식 교육이 본격화된 것이다. X세대의 아이콘이었던 서태지와 아이들이 불렀던 노래, 〈교실 이데아〉의 가사 한 구절처럼 "전국 900만의 아이들의 머릿속에 모두 똑같은 것만 집어넣던" 학교가 마침내 탈

바꿈을 시도한다. 1994년 이 노래가 탄생한 지 30년 만이다.

이번 챕터에서는 대학교와 고등학교의 달라진 풍경을 살펴보며 트라이브십 시대에 알파세대를 가르쳐야 하는 주체로서 학교의 역할이 무엇인지 알아보고자 한다.

▼

안녕하세요, 고등학교 6학년입니다

"안녕하세요, 고등학교 6학년입니다."

2023년 5월, KT그룹의 대학생 대외활동[•] 프로그램 활동 중 대학생들이 조별로 Z세대 트렌드를 찾아내 발표했는데, 어느 조의 첫 인사말이었다. 새내기 시절을 즐기지 못했지만 더 이상 새내기는 아닌 대학교 3학년이기에 고등학교 6학년이라는 의미였다. 대학생이 돼서도 캠퍼스의 여유와 낭만을 누리지 못한 채 마치 고등학생처럼 아침 일찍부터 저녁 늦게까지 촘촘하게 채워진 시간표대로 살아가는 모습을 빗댄 표현이다. 그들은 일과를 전부 학교 수업으로 구성하는 것은 아니지만 공강 사이에 아르바이트, 봉사활동, 운동 등을 꼼꼼히 채워 넣는다. 심지어 고등학생처럼 학원 인터넷 강의로 전공 수업을 추가로 챙겨 듣기도 한다. 새내기 때는 안 그래도 대학 수업이 낯설기 마련인데, 학교가 갑작스러운 비대면 상황으로 원활하게 수업을 준비하지 못했다 보니 온라인 수업의 질이 떨

<hr>

• 'Y퓨처리스트'라는 KT그룹 공식 대학생 마케팅 서포터즈로 실무형 마케팅 인재 양성 프로그램

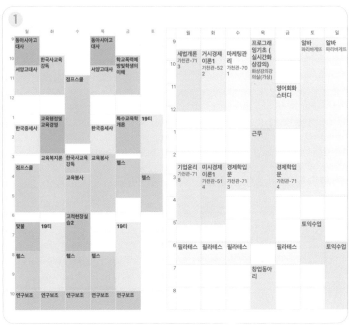

❶ 20학번 대학생의 실제 시간표_
Y퓨처리스트가 뽑은 Z세대 트렌
드 <겟(GET)생> 사례
❷ 대학 전공 인강 플랫폼 유니스터
디의 소개 페이지_유니스터디

어졌고, 이에 아쉬움을 느낀 학생들이 전달력 좋은 사설 학원의 인
터넷 강의를 찾아 듣기 시작한 것이다.

> "코로나로 대학 생활을 제대로 못하면서 고등학교 때 밤낮없이 열심히 공
> 부한 습관을 지속한 것 같아요."_KT Y퓨처리스트 21기 김예하

"코로나 학점 인플레이션으로 학점의 평균 수준이 올라가다 보니, 이젠 B+를 받으면 만족스럽지 않아요." _KT Y퓨처리스트 21기 이기택

비대면 수업 기간에는 절대 평가로 학점을 잘 받다가 대면 수업으로 전환 후 좋은 학점을 받기 어려워진 것도 이런 흐름에 영향을 미쳤다. 이전 세대도 학점을 잘 받기 위해 재수강을 여러 번 불사하곤 했지만 대학생이 사교육으로 보충 수업을 하는 모습은 확실히 낯선 풍경이다. 고등학생 때의 습성이 이어졌다고 볼 수 있다.

한번 새내기 시절 시간표를 떠올려보자. 수업 중간중간 공강이 낀 이상적이고 아름다운 시간표가 떠오를 것이다. 당시 학기 초만 되면 SNS에 공강 배치를 실패한 시간표와 공강 배치에 성공한 시간표가 화제가 되곤 했다.

공강은 강의실을 여유롭게 이동하고 식사를 하는 시간인 동시에 과방, 동아리방, 카페, 잔디밭에서 선후배, 동기들과 관계를 맺고 유지하는 시간이었다. 공강이 사라진 빡빡한 시간표의 의미는 단순히 '요즘 대학생들이 이만큼 열심히 산다'에서 그치지 않는다. 이는 정보와 관계의 단절을 뜻한다. 공강은 선후배, 동기들에게 학교 생활과 수업에 대한 다양한 정보와 노하우를 공유받는 시간이자 학교, 학번, 전공이라는 공통점을 중심으로 관계를 맺고 확장하는 시간인데, 이것이 사라진 것이다.

사라진 시간을 무엇이 대체했을까? 바로 커뮤니티다. 요즘 대학생들은 족보를 구하기 위해 선배에게 사회생활을 할 필요가 없다. 밥 약속, 커피 약속을 잡고 안면을 터서 친해진 다음 족보를 부탁하

❶ 과거 대학생의 인간관계를 보여주는 대화_Y퓨처리스트가 뽑은 Z세대 트렌드 <제로칼로리 캠퍼스> 사례
❷ 대학생들이 만든 다양한 목적의 오픈채팅방_Y퓨처리스트가 뽑은 Z세대 트렌드 <제로칼로리 캠퍼스> 사례

는 번거로운 과정을 거치는 대신, 에브리타임이나 오픈채팅방 같은 커뮤니티에서 족보를 거래한다. 그 외에도 등하굣길 택시를 함께 탈 '택시 메이트'를 구하는 커뮤니티, 배달 수수료를 아끼기 위해 공동 배달 메이트를 구하는 '배달팟' 커뮤니티 등 매우 세세하고 구체적인 목적의 커뮤니티가 많다. 인스타그램, 당근 같은 플랫폼에서 반려견 산책 메이트, 다이어트 메이트, 클럽 메이트, 매일 저녁 공원 운동 메이트처럼 개인의 관심사, 취미, 생각, 라이프스타일 등이 잘 맞는 사람을 찾아 커뮤니티를 직접 만들기도 한다.

이제 같은 학교, 같은 학번, 같은 과라는 이유만으로 가까운 관계를 맺는 일은 줄었다. 대신 더 다양하고 세분화한 커뮤니티에서 정보를 공유하고 관계를 확장한다. 다시 말해 학교, 학번, 전공 같은 학연의 힘은 약해졌고 Z세대는 학교라는 공간 안에서조차 나의 정체성, 나를 구성하는 다양한 요소를 중심으로 다수의 트라이브십을 맺는다.

　이제 학연만으로는 부족하다. 같은 학교면서 마라탕을 좋아하고 같은 웹소설 작가의 팬이라는 다른 공통점들을 함께 충족해야 관계를 맺는다. 이때 같은 학교라는 사회적 소속은 부수적인 요소이고 마라탕과 웹소설 작가라는 개인적 지향성이 더 중요하게 작용한다. 사회적 소속은 다른 커뮤니티로 대체될 수 있지만 개인적 지향성은 대체되기 어렵기 때문이다.

　결과적으로 지난 수십 년간 사회에서 중요시됐던 학연이 주는 정서적 연결고리는 약해졌다. 출신 대학, 동문의 의미 또한 예전보다 약하다. 대학의 존재 목적은 본래 학문이지만 인생이라는 측면에서 대학의 의의는 그 안에서 맺는 관계와 경험으로 한 사람의 세계를 확장하는 것이었다. 하지만 이제 대학의 존재감이 점점 작아지고 있다.

평범한 고등학생들의 평범한 고민, 자퇴

이번에는 고등학교의 풍경을 살펴보자. 고등학교에 다니는 대신 엔터테인먼트 학원을 선택하는 이들이 생겼다.

　2023년 3월, SM엔터테인먼트가 대치동에 아티스트 양성 학원인 SM유니버스를 설립했다. 입학 조건이 '자퇴'인데 첫 모집에서 2.5 대 1의 경쟁률을 기록했다는 후문[17]이 있다. 사설 학원이지만

자퇴를 안좋게 생각하시는 분들도 많은데
이분처럼 공부 계획도 가지고 있고 놀기만 하는게 아니라면 학교가 안맞는
사람들에게는 충분히 좋은 선택지라고 볼수있다
당신의 선택을 믿고 지지합니다!

👍 2.2천 👎 💬 답글

혼치 않은 결정, 남들과 다른 길을 가는 것에 대한 두려움에도 불구하고 자신
이 하고자하는 바를 실천하기 위해 도전하고 새롭게 시작하는 모습이 멋져
요. 진심으로 이런 부분이 존경스럽습니다. 후회없는 선택이 되도록 열심히
하세요! 항상 응원합니다 :)

👍 623 👎 💬 답글

많은 고민 하셨을텐데 자신의 의사를 확실히 알고 결단력 있게 자퇴를 결정
하신 모습이 너무 멋있어요! 청소년이 학교 밖에서 지낸다는 게 쉽지 않을 지
도 모르겠지만 건강하고 행복하게 자라주셨으면 좋겠네요 😊

👍 85 👎 💬 답글

와아... 진짜 쉽지 않은 결정이었을텐데 무사히 잘 하셔서 다행이네요. 저도
지금 제 꿈 때문에 자퇴를 생각 중인데 도움이 많이 됐어요..! 감사합니다

👍 41 👎 💬 답글

유튜브 '자퇴 브이로그' 영상
에 달린 댓글_유튜브

학교처럼 3년간 단계별 커리큘럼이 있고 주 5일 9시부터 6시까지
수업한다. 프로듀서, 보컬, 댄서, 모델, 연기 등 아티스트가 되는 데
도움이 되는 전공 과목 외에도 검정고시에 응시할 수 있도록 국어,
영어, 수학을 가르치고 시험도 본다. 다만 이 학원에 다닌다고 해서
데뷔가 보장되지는 않는다. 전문가에게 교육받을 기회와 환경이
마련되는 것뿐이지만 수강생들은 자퇴라는 과감한 선택을 한다.
이미 데뷔해 활발하게 활동하는 연예인도 학교는 졸업해야 한다는
생각이 보편적이었던 과거와 달리 데뷔가 보장되지 않아도 내가
재능과 흥미가 있는 분야가 있다면 정규교육을 포기하고 일단 도
전하는 것으로 인식이 변했다.

유튜브에 자퇴 브이로그를 검색하면 고등학생들의 자퇴 관련 영
상이 끝없이 뜬다. 자퇴를 고민하고 결심하는 과정, 마지막 등교일

학교를 그만둔 것에 대한 후회 여부

[Base: 전국 9~24세 학교 밖 청소년, n=3291, 단위: %]

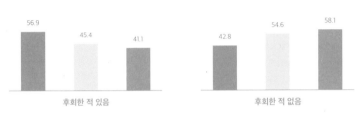

■ 2015년
□ 2018년
■ 2021년

친구들과 나누는 인사, 자퇴 후 생활을 가감 없이 보여준다. 영상 속 학생들은 대부분 진지하고 밝은 태도다. 댓글도 대체로 결정을 지지하고 응원하는 분위기다. 자퇴는 특별한 사연이 있어야 한다고 생각하고 '부적응', '학폭' 등 부정적 단어를 함께 연상하던 과거와는 달라진 분위기다.

2021년 여성가족부가 학교를 그만둔 청소년 대상으로 한 조사에서도 비슷한 분위기를 감지할 수 있다. 학교를 그만둔 것을 후회하는 비율은 2015년 이후 감소하는 추세다. 학교를 그만둔 이유로 '학교에 다니는 게 의미가 없어서(37.2%)', '다른 곳에서 원하는 것을 배우려고(29.6%)'를 가장 많이 꼽았다. 특히 원하는 것을 배우기 위해 학교를 그만둔 비율은 2018년 동일 조사 결과(23.4%)에 비해 6.2%p 증가했다. 또 '어떤 지원·내용이 있었다면 학교를 그만두지

학교를 그만둔 이유 TOP8

[Base: 전국 9~24세 학교 밖 청소년, n=3291, 단위: %]

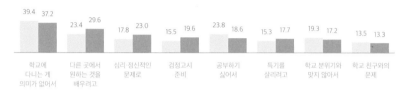

않았을지'라는 질문에는 '내 특기를 살릴 수 있는 수업(36.7%)', '원하는 것을 배우거나 연계해주는 지원 서비스(27.2%)', '내 진로를 찾을 수 있는 진로 탐색, 체험 기회(24.9%)'를 차례로 꼽았다.

이처럼 Z세대는 개인의 재능과 적성을 충분히 고려하지 않았던 기존의 제도권 교육 방식을 적극적으로 거부한다. 똑같은 지식을 똑같은 방식으로 습득하는 대신 내가 필요한 지식을 나에게 맞는 방식으로 배우고자 한다.

이는 '멀티플리스트●'인 Z세대의 특성과도 맞닿아 있다. 이들에게는 '얼마나 지식을 많이 쌓았는가'가 아닌 '얼마나 나만의 재능을 잘 개발했는가'가 경쟁력이자 스펙이다. 그러므로 학교가 입시와 공부를 중심으로 하는 곳으로만 남는다면 Z세대에게는 학교에 반

● 《밀레니얼-Z세대 트렌드 2022》에서 정의한 Z세대 특성 중 하나로 자신의 소소한 재능과 개성을 살려 동시에 다양한 일을 하고 다양한 소득 수단을 만드는 세대를 의미

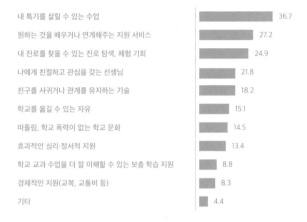

어떤 지원·내용이 있었다면 학교를 그만두지 않았을지

[Base: 전국 9~24세 학교 밖 청소년, n=3291, 단위: %]

내 특기를 살릴 수 있는 수업	36.7
원하는 것을 배우거나 연계해주는 지원 서비스	27.2
내 진로를 찾을 수 있는 진로 탐색, 체험 기회	24.9
나에게 친절하고 관심을 갖는 선생님	21.8
친구를 사귀거나 관계를 유지하는 기술	18.2
학교를 옮길 수 있는 자유	15.1
따돌림, 학교 폭력이 없는 학교 문화	14.5
효과적인 심리·정서적 지원	13.4
학교 교과 수업을 더 잘 이해할 수 있는 보충 학습 지원	8.8
경제적인 지원(교복, 교통비 등)	8.3
기타	4.4

드시 다녀야 할 이유가 없다.

학교 교육도 자녀 양육도 하이퍼 퍼스낼리티

앞서 살펴본 〈2021년 학교 밖 청소년 실태 조사〉에서 흥미로운 점
이 또 하나 있다. 바로 부모의 지원에 대한 부분이다. 학교를 그만둘
때 부모에게 정서적, 경제적으로 지원을 받았다는 답변의 비율이
2015년, 2018년, 2021년으로 오면서 점차 증가하는 모습을 보였
다. 자녀의 적성과 재능을 파악하고 자녀의 선택을 지지하는 부모

가 늘고 있다는 뜻이다.

이처럼 학교를 반드시 다녀야 한다는 가치관은 부모세대에게도 점차 희미해지고 있다. 꼭 학교에서가 아니어도 성장과 배움은 가능하며 공부 많이 해서 좋은 대학 가는 것만이 살길은 아니라는 인식이 자리 잡았다.

때마침 교육 제도도 이런 인식 변화와 궤를 같이한다. 2025년이 되면 전국의 모든 고등학교에 '고교학점제'가 도입된다. 고교학점제는 학생이 기초 소양과 기본 학력에 해당하는 공통 과목을 이수한 뒤 진로와 적성에 따라 과목을 선택하고, 이수 기준에 도달한 과목의 학점을 취득, 누적해 졸업하는 제도다. 대학교의 학점 이수 시스템과 유사하다고 보면 된다. 모든 학생이 같은 방식으로 같은 내용의 수업을 듣는 현재 시스템과 비교하면 거의 한 세기 동안 이어진 공교육의 패러다임을 완전히 바꾸는 제도라고 할 수 있다. 현행 입시 제도와 괴리가 있고 아직 현장에서 준비가 충분히 되지 않았기에 현실적인 문제와 부작용에 관한 여러 우려가 존재하는 것은 사실이나, 초개인화 시대라는 점과 하이퍼 퍼스낼리티라는 세대특성을 고려하면 방향성만큼은 충분히 긍정적이다.

조만간 다가올 교육계의 큰 변화가 하나 더 있다. 바로 디지털 교과서의 도입이다. 단순히 서책용 교과서를 디지털로 옮긴 전자책이 아니라 AI 기반의 코스웨어*를 적용해, 학생 수준에 맞는 수업 자료와 문제 풀이를 제공하고 교사에게는 학습 기록을 수집해 전

* 교과 과정 course과 소프트웨어 software의 합성어로 학습을 효과적, 효율적으로 성취하기 위해 바람직한 교수 환경 또는 수업 조건을 창출하도록 돕는 컴퓨터 소프트웨어

자녀의 선택을 지지하는 부모들

학교를 그만둘 때 부모의 지원

[Base: 전국 9~24세 학교 밖 청소년, n=3291, 4점 척도*, 단위: 점(평균)]

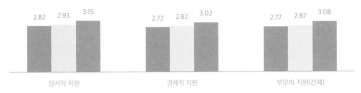

- 2015년
- 2018년
- 2021년

	정서적 지원	경제적 지원	부모의 지원(전체)
2015년	2.82	2.72	2.77
2018년	2.93	2.82	2.87
2021년	3.15	3.02	3.08

• 1점(전혀 그렇지 않다)에서 4점(매우 그렇다) 사이로 선택

달한다. 2025년 초등 3, 4학년, 중학 1학년, 고등학생을 시작으로 2028년까지 거의 모든 학년과 과목에 전격 도입할 예정이다. 고교학점제와 함께 교육 초개인화 시대의 포문이라 할 수 있다.

밀레니얼세대 부모는 영유아기부터 일찌감치 자녀의 타고난 기질이나 재능을 고려해 양육하려고 한다. 최근 몇 년간 영유아기 부모 사이에 '기질 육아'라는 키워드가 인기였다. 기질 육아는 아이의 타고난 성격적 특성인 기질을 이해하고 그에 맞는 양육과 훈육 방식으로 키우는 것을 말한다. 아이가 자신의 고유한 기질에 맞는 환경과 상호 작용하면서 사회에 적응할 수 있도록 강점은 키우고 약점은 보완하는 육아다. 기질 분석에 대한 관심이 증가하자 관련 도서나 영상 콘텐츠가 많아진 것은 물론이고 기질을 분석해주는 서비스도 다수 등장했다. 기질 분석 서비스 중에는 자녀의 기질뿐만

식단과 스포츠 & 라이프스타일

식단과 식습관 · 영양 · 스포츠 & 피트니스 · 수면 및 스트레스 · 웰빙 · 피부 · 오염

조기 발견과 예방

질환 발병 위험도 · 질병 위험성 · 치매 & 뇌 건강 · 암 검진 · 약물 반응 · Family Planning

당신의 유전적 청사진

조상 · 행동 특성 · 성격 특성 · 신체 특성 · 성별 특성 · 성공 특성 · 음악 & 춤

유전자 분석 서비스
'서클DNA' 검사 항목_
서클DNA

아니라 부모의 기질도 함께 검사해 가족 구성원 간 차이를 분석하고 가족 맞춤형 훈육, 놀이, 학습 팁을 제공하는 서비스도 있다.

유전자 검사도 밀레니얼세대 부모의 관심을 받고 있다. 2021년 뱅크샐러드에서 무료 유전자 검사 이벤트를 실시했다. 2023년까지 23만 명이 검사했을 정도로 인기를 끌었는데, 특히 MZ세대 사이에서 반응이 좋았다. 자기 자신을 분석하고 유형화하기 좋아하는 MZ세대의 호기심을 자극했기 때문인데, 이런 관심을 자녀 양육에도 적용했다. 유전자 검사를 하면 체질 정보나 건강 정보 외에도 언어 능력, 수학 능력, 스포츠 능력 같은 재능 특성도 알려준다. 그야말로 자녀를 초정밀 분석할 수 있다.

기질 육아나 유전자 분석이 인기를 끄는 데는 사람은 서로 다르게 태어났다는 것을 이해하고 이것이 부모 자녀 관계에서도 적용된다는 사실을 수용하려는 태도, 그래서 획일적인 가치와 방식으로 키우고 싶지 않다는 인식이 밑바탕에 깔려 있다. 덕분에 알파세대는 태어날 때부터 '타고난 나'를 추구하는 환경에서 자란다. 그야말로 본 투 비 born to be 하이퍼 퍼스널리티다.

학습보다 경험, 티칭 대신 코칭

이제 대학 진학의 발판으로서 학교는 더 이상 충분하지 않은 시대가 됐다. 밀레니얼세대는 학교에서 치열하게 경쟁하며 공부했다. 명문대 진학이 중요한 목표였고, 학력이 경쟁력이었다. 지식이 곧 자산이었던 셈이다.

Z세대에게는 자신의 재능이 자산이다. 각자의 재능을 개발해 자신만의 콘텐츠를 갖는 것이 곧 경쟁력이다. 나아가 알파세대에게 자산은 경험의 폭과 양이 될 것이다. 살아가며 축적한 다양한 경험들이 뚜렷하고 다채로운 개인적 지향성으로 나타날 것이고, 이 지향성을 바탕으로 타인과 얼마나 많이 연결되는지, 다양한 지식과 재능을 조합해 얼마나 가치 있는 결과물을 많이 창출하는지가 경쟁력이 된다.

앞서 소개한 SM유니버스의 공식 홈페이지를 보면 전공별 커리큘럼과 함께 멘토를 소개하는 영역이 있다. 흥미로운 것은 교사, 강사진이 아닌 멘토라는 표현을 쓰고 있다는 점이다. 학생에게 지식과 기술을 일방적으로 가르치는 것이 아니라 학생이 스스로 역량을 발휘하고 성장할 수 있도록 옆에서 돕는다는 의도가 느껴진다.

여기서 우리는 앞으로 잘파세대가 다닐 학교의 역할이 무엇일지에 대한 힌트를 얻을 수 있다. 잘파세대에게 학교는 지식을 배우는 곳에 그치지 않는다. 인간관계는 물론, 다양한 경험을 축적할 수 있는 공적 플랫폼이어야 한다.

머지않은 미래, 사람의 지식과 재능이 해냈던 영역의 상당 부분을 AI가 대체할 것이다. 그러나 AI는 고유의 지향성이 없다. 가치 있는 것을 알아보고 예측하는 능력은 개인적 지향성에서 나온다. 이런 시대에는 알파세대가 개인적 지향성을 찾아가며 성장할 수 있도록 학교가 다양한 경험을 설계해줘야 한다. 교사는 지식을 가르치는 역할을 넘어 학생 각자의 상황과 능력을 분석하고 그들이 가야 할 방향과 속도를 안내하는 코치가 돼야 한다.

이는 학교와 교사의 노력만으로 이뤄지기 어렵다. 공교육의 사전적 정의를 찾아보면 "훌륭한 국민을 육성한다는 공공적인 목적을 위해 국가 또는 지방자치단체가 설립·운영하는 학교 교육 또는 이에 준해 시행하는 학교 교육"이라고 나와 있다. 학교가 변하려면 온 사회가 힘을 모아야 한다는 뜻이다. 잘파세대를 미래 시대에 걸맞은 인재로 길러내기 위해 사회적 시스템의 뒷받침과 역량 집중이 필요하다.

CHAPTER 19

가족의 변화

2023년 7월, KCC건설 스위첸의 〈문명의 충돌 시즌2-신문명의 출현〉 광고가 온에어한 지 한 달여 만에 유튜브 조회 수 2000만 뷰를 돌파했다. 2020년 시즌1에서 매번 티격태격 싸우면서도 서로 의지하는 신혼부부의 현실적인 일상을 담아 화제가 됐는데, 시즌2에는 그 부부의 3년 후 모습을 담았다.

이 광고는 아이가 생기고 처음 부모가 되는 과정에서 발생하는 에피소드를 현실적으로 그려냈다. 무엇보다 부부가 육아 문제로 날을 세우고 싸우면서도 육아 공동체로 연대하는 모습들이 큰 공감을 샀다. 광고는 "이 새로운 문명(아이)의 침공은 가족이라는 집을 더 견고하게 만들고 있습니다"라는 카피로 마무리한다.

최근 알파세대에 관한 담론들을 보면 '텐포켓', '골드키즈' 같은 수식어가 빠지지 않고 등장한다. 이들의 구매력과 영향력이 막강함을 언급하며 알파세대가 소비의 주체이자 트렌드의 주체라는 점에 주목한다.

그런데 시선을 조금만 달리하면 자녀를 중심으로 견고하게 뭉친 가족 커뮤니티가 보인다. 양육의 주체가 엄마에게서 부부, 조부모, 더 넓게는 방계 가족까지 확장됐고, 자녀 양육이 가족의 정서적 유대감을 이끌어냈다.

이때 아이가 중심이라고 해서 아이의 편의와 선호를 위해서만 소비가 일어나는 것은 아니다. 아이를 돌보면서도 자신의 라이프스타일과 편의를 잃지 않겠다는 니즈가 아이의 니즈보다 뒤에 있지 않다. 자녀를 중심으로 뭉치지만 가족 구성원 모두 자신의 가치관과 라이프스타일을 영위하는 개인으로서의 정체성을 잃지 않는다. 자녀에게 헌신적이지만 일방적이기도 했던 과거의 부모상과 달리, 자녀에게 무조건 맞추지 않으면서도 자녀의 지향성을 존중하고 자녀와 소통한다. 가족 내에서 밀레니얼세대 부모와 알파세대 자녀가 한쪽으로 치우치지 않는 동등한 영향력을 가진다는 의미다. 그래서 우리는 소비 주체인 알파세대보다는 알파세대와 함께 사는 가족을 다루고자 한다.

'같이 사느냐'보다 '공감할 수 있느냐'

유튜브나 릴스를 자주 본다면 최근 일주일 내 부부 일상, 아기 일상, 남매 싸움, 자매 공감 등 가족의 일상과 관계를 소재로 한 영상을 최소 하나 이상 봤을 것이다. 몇 년 전만 해도 반려동물을 콘텐츠 성공

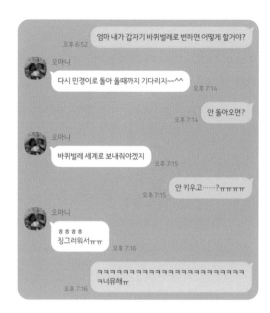

오후 6:52 엄마 내가 갑자기 바퀴벌레로 변하면 어떻게 할거야?

오마니
다시 민경이로 돌아 올때까지 기다리지~~^^ 오후 7:14

안 돌아오면? 오후 7:14

오마니
바퀴벌레 세계로 보내줘야겠지 오후 7:15

안 키우고……?ㅠㅠㅠㅠ 오후 7:15

오마니
ㅎㅎㅎㅎ
징그러워서ㅠㅠ 오후 7:16

ㅋㅋㅋㅋㅋㅋㅋㅋㅋㅋㅋㅋㅋㅋㅋㅋㅋㅋㅋㅋㅋ
ㅋ너무해ㅠ 오후 7:16

내가 만약 바퀴벌레가 된다면 어떻게 할지에 관한 대화_김민경

의 치트키로 여겼다. 최근에는 가족 구성원 간 케미를 소재로 한 콘텐츠가 치트키가 됐다.

2023년 봄, 부모에게 "내가 바퀴벌레가 되면 어떻게 할 거야?"라고 묻고 반응을 그대로 담은 콘텐츠가 한동안 큰 인기를 끌었다. 다양한 답변이 카톡방 캡처 이미지, 영상으로 계속 업로드됐다. 따뜻한 반응, 냉철한 반응, '만약'이라는 상황을 수용하지 않는 반응 등 부모의 성격에 따라 답변은 제각각이었지만 자식에 대한 나름의 애정이 엿보여 재미와 감동을 선사했다. 한 매체에서는 이 콘텐츠의 인기 요인으로 '어떤 일이 있어도 나를 사랑해주는 존재가 있다는 것에서 감동과 위안을 얻기 때문'이라는 분석을 내놓았다.

올해 드라마·예능 콘텐츠 중 가장 인상적인 캐릭터를 묻는다면

서준이 시점 엄마 쇼츠 영상과 댓글_유튜브 안녕하세미

아마 피식대학 〈05학번이즈히어〉의 '서준맘'이 순위권에 오를 것이다. 신도시에 살고 영어 유치원에 다니는 아들 서준이를 키우는 엄마 캐릭터 서준맘은 아들을 대하는 모습, 유치원 학예회에 방문해 남편과 대화하는 모습 등을 찰떡처럼 연기해 큰 화제가 됐다. 그중 아이의 시선에서 본 엄마의 모습을 리얼하게 담은 콘텐츠에는 '현실 고증을 잘했다'는 반응 외에도 '울컥했다', '서준이가 부럽다' 같은 댓글이 많이 달렸다. 따뜻한 엄마의 표정과 말투, 나를 사랑스럽게 바라보는 엄마의 눈빛, 나를 보살피는 엄마의 행동에 위로를 받았기 때문이다.

가족 콘텐츠의 인기는 가족 간 정서적 교류가 더 중요해졌다는 것을 반영한 결과다. 이때 가족이라고 하면 과거에는 혈연으로 이어져 있다는 사실과 함께 산다는 조건을 떠올렸지만, 지금은 정서적, 심리적으로 서로 얼마나 이어져 있느냐를 더 중요하게 여긴다.

가족 간 정서적 교류를 더 중요하게 여기는 Z세대

가족의 의미를 유지하기 위해 중요한 조건 TOP5

[Base: 전국 15~62세 남녀, 1순위, 단위: %]

전체	Z세대	후기 밀레니얼세대	전기 밀레니얼세대	X세대	86세대
	(n=300)	(n=300)	(n=300)	(n=300)	(n=300)
1위	정서적 지원·의지 29.7	혈연 관계 33.3	혈연 관계 34.0	혈연 관계 36.7	혈연 관계 46.7
2위	혈연 관계 27.7	정서적 지원·의지 31.7	정서적 지원·의지 27.0	정서적 지원·의지 23.0	함께 거주 18.7
3위	정기적 교류 13.7 / 함께 거주 13.7	정기적 교류 13.3	정기적 교류 17.7	함께 거주 15.3	정서적 지원·의지 13.7
4위	경제적 지원·의지 11.0	함께 거주 9.7	함께 거주 12.3	정기적 교류 11.7	정기적 교류 8.0
5위	법적·제도적 인정 4.3	법적·제도적 인정 7.0	경제적 지원·의지 5.3	경제적 지원·의지 8.0	법적·제도적 인정 7.0

전국 15~62세 남녀 1500명 대상으로 진행한 조사에서 가족의 의미를 유지하는 데 중요하다고 생각하는 조건을 물었다. 86세대의 답변은 혈연(46.7%), 동거 여부(18.7%), 정서적 유대감(13.7%) 순이었다. 그러나 아래 세대로 내려올수록 혈연 및 동거 여부의 비율이 떨어지고 정서적 유대감 비율은 올랐다. Z세대에 이르러서는 정서적 유대감(29.7%)이 혈연(27.7%)을 제치고 1위를 차지했다. 그만큼 가족 간 정서적 연결을 중요하게 생각하는 것이다. 가족의 소소한 하루를 담은 콘텐츠나 어느 집에서나 있을 법한 상황을 담은 콘텐

츠가 인기를 끄는 것도 일상의 단면을 통해 유대감을 느낄 수 있기 때문이다.

정서적 유대감을 느끼게 하는 연결고리를 중요하게 생각하는 것은 트라이브십과도 연결된다. 대가족에서 핵가족으로, 다시 1인 가구로 가족이 파편화되면서 결속이 약해진 것처럼 보이지만 물리적으로 떨어져 있을 뿐 오히려 서로의 취향, 관심사, 콘텐츠를 공유하고 육아를 비롯한 공동의 문제를 고민하며 정서적으로는 더 긴밀하게 연결된다. 실제로 Z세대에게 레트로 문화에 대한 관심을 물으면 부모님과 관련된 답변을 다수 볼 수 있다.

> "나는 LP를 모아! 빛과 소금, 김광석, 산울림, 최백호 외에도 제이팝, 재즈, 클래식 LP를 모으고 들어! 스마트폰으로 편리하게 듣는 것도 좋지만 조금 번거로워도 엄마, 아빠랑 같이 즐기니까 공감대가 생겨서 흥미가 더 붙었어."_제트워크 시즌10 참여자 고맘미(K1068)

> "나는 만화를 진짜 많이 대여해서 봤는데, 우리 엄마가 순정 만화책을 읽으시는 김에 나도 같이 읽기 시작했거든. 그래서인지 순정 만화책을 보면 언니랑 엄마랑 나랑 셋이서 쌓아놓고 돌려본 기억이 많이 나."_제트워크 시즌10 참여자 누피(S1313)

'액티브 시니어', '영포티' 등 예전과는 다르게 젊은 라이프스타일을 유지하는 부모세대가 Z세대 자녀의 문화를 빠르게 흡수하고 활용하는 사례는 그동안 많이 볼 수 있었다. 최근에는 부모와 여가를 함께하며 부모의 취향에 관심을 갖고 받아들이는 Z세대의 모습 또한 많이 관찰된다. 오랫동안 지속되는 레트로 붐도 어느 정도 영향이 있겠지만, 취향과 관심사를 공유하며 가족 간 더 단단한 연결 고리가 만들어지고 있는 것만은 분명하다.

▼

완전한 타인이 된 이웃, 다시 뭉치는 가족

2022년, 대학내일20대연구소는 후기 밀레니얼세대의 가전 및 전자 제품 구매 행태와 인식을 알아보기 위해 FGD Focused Group Interview[18]를 실시했다. 로봇청소기를 구매하고 싶은 이유를 묻자 한 참가자가 흥미로운 답변을 했다.

"밤늦게 진공청소기 돌리면 층간 소음 민폐잖아요."

이 조사에서 향후 구매 의향이 있는 생활 가전 순위 중 2위가 로봇청소기였다. 후기 밀레니얼세대는 로봇청소기를 단순히 청소의 번거로움을 도와주는 제품을 넘어 이웃과의 갈등을 줄이는 데 도움 되는 제품이라고 생각했다.

'이웃' 하면 생각나는 단어를 물으면 '이웃사촌'보다 '층간 소음'이 먼저 떠오를 것이라는 추측에 공감하는 이가 많을 것이다. 아파트 같은 층에 현관문을 맞대고 살면서도 이름조차 모르는 경우가 많다. 서로의 안부를 궁금해하기보다 공유 공간인 복도를 이용할 때 서로에게 폐가 될 일이 없는지에 관심이 더 많다. 실제 조사 결과에서도 이웃을 친구로 여기는 비율은 점점 줄어들고 있다. 2020~2023년에 걸쳐 실시한 이웃에 대한 조사의 연도별 데이터를 보면 친구가 될 수 있다고 생각하는 대상으로 이웃을 꼽은 비율이 대부분 세대에서 줄어들고 있다.

다른 연구 결과[19]를 보면 청년은 이웃을 '생활 패턴의 차이로 마주치고 싶지 않은 사람', '생활적 갈등으로 부딪히는 존재', '사생활을 침해할 수 있는 불편한 존재', '도움조차 부담스러운 존재' 등으로 정의한다. 이 연구 보고서에는 "이웃에게 아쉬운 소리를 하며 도움을 요청하는 것보다 돈을 내고 모르는 사람에게 도움을 받는 게 차라리 편하고 깔끔하다"라는 답변이 있다. 당근에 벌레 잡아줄 사람을 찾는다는 공고를 올렸는데 거래가 성사됐다는 유명한 이야기가 떠오르는 대목이다. 당근에서 모르는 동네 사람과 따듯한 나눔은 하지만 윗집, 아랫집과는 층간 소음으로 갈등한다. 동네 오픈채팅방에서 만난 익명의 누군가에게는 수다를 떨며 친밀감을 표현하지만 길에서 만난 동네 사람은 간단한 목례조차 나누지 않는 완벽한 타인이다.

이렇게 멀어진 이웃 사이는 자녀 양육 구조에도 영향을 미쳤다. 드라마 〈응답하라 1988〉를 떠올려보자. 주인공의 어린 시절을 보면 같은 골목에 사는 이웃과 밥숟가락 개수까지 공유한다. 1990년대 이전에 청소년기와 유아기를 보냈다면 기억 속에 유사한 장면이 남아 있을 것이다. 집집마다 대문을 열어두고 동네 아이들이 이집 저 집 우르르 몰려다니기도 하고 부모님의 귀가가 늦어지면 옆

달라지는 이웃의 의미

친구가 될 수 있다고 생각하는 대상으로 이웃을 꼽은 비율

[2020년 Base: 전국 15~59세 남녀, 2021년 Base: 전국 15~60세 남녀, 2022년 Base: 전국 15~61세 남녀, 2023년 Base: 전국 15~62세 남녀, 단위: %]

	2020년 (세대별 n=300)	2021년 (세대별 n=240)	2022년 (세대별 n=240)	2023년 (세대별 n=300)
Z세대	36.0	35.8	26.3	25.0
후기 밀레니얼세대	-	25.4	24.2	27.3
전기 밀레니얼세대	-	32.9	26.7	22.3
X세대	36.7	32.1	35.4	31.3
86세대	40.7	42.9	38.8	37.3

*2020년은 전기 밀레니얼세대와 후기 밀레니얼세대의 연령 기준이 달라 비교에서 제외함

집에 가서 밥 먹고 놀기도 했다. 골목이든 놀이터든 문방구든 어딘가에서 놀고 있으면 오며 가며 지켜보는 동네 어른이 하나쯤 있었다. 서로 어느 집 아이인지 알다 보니 "○○이 혹시 못 봤어요?" 물으면 "아까 ××에서 △△랑 같이 있던데"라는 대답을 기대할 수 있었다. 동네 전체가 육아 공동체였던 셈이다.

자연스레 이런 육아 공동체는 사라졌다. 사라진 이웃의 자리를 먼저 채운 것은 누구일까? 할머니, 할아버지다. 맞벌이 부모가 많아지면서 조부모가 돌봄 전면에 나서는 경우가 많아졌다. '황혼육아', '할마, 할빠*'와 같은 신조어가 등장하고 지자체의 손주 돌봄 지원 사업이 확대된 현상이 이를 잘 보여준다.

• 손주를 직접 키우는 할머니 엄마, 할아버지 아빠

214

다음은 조카 바보인 이모, 고모, 삼촌, 즉 부모의 형제자매다. 유튜브에서 '조카 브이로그'를 검색하면 '조카 돌보기', '조카에게 사랑받는 고모 되는 법', '이모가 조카랑 놀아주는 법', '조카 바보 삼촌의 육아 체험기' 같은 영상들이 수없이 뜬다. 이들이 조카 육아를 하게 된 사연을 보면, 맞벌이 부모에게 급한 업무가 생겨서, 부모가 아파서, 부모가 갑자기 집을 잠깐 비워야 해서 등 평범하고 일상적인 이유 때문이다. 긴급 상황이 발생했을 때 당장 의지할 곳은 바로 옆집에 사는 이웃이 아니라 다른 동네에 사는 가족이 됐다.

이웃 사회가 해체되면서 역설적으로 가족은 견고해졌다. 가구 구성은 여전히 핵가족이지만, 아이를 중심으로 직계, 방계 가족이 뭉친다. 여기에는 맞벌이 증가, 저출생 같은 요인들도 영향을 미쳤다. 출근한 엄마를 대신할 누군가가 꼭 필요한 상황이 많아졌고, 결혼하지 않았거나 아이를 갖지 않아 경제적, 시간적 여유가 있는 이모, 고모, 삼촌이 생겼다. 여기에 팬데믹이 닥치며 가족 밖 사회와의 거리가 더욱 멀어졌다. 그렇게 가족은 과거의 소사이어티, 즉 전통적으로 생활 공동체를 이루던 가족, 이웃, 학교, 회사 같은 집단 중 거의 유일하게 연대하는 집단으로 남았다.

▼

알파세대를 키우는 가족 구성원의 시선에 주목하라

최근 1~2년 사이 이런 시대 변화를 반영하여 방계 가족을 타기팅하거나 부모와 자녀를 동시에 공략한 상품을 출시하는 사례가 부쩍 늘었다. 예컨대 2022년 LG유플러스는 레고랜드 코리아 리조트와 손잡고 '동반 자녀 레고랜드 무료' 혜택을 출시했다.

여기서 주목할 점은 단순히 '초등학교 자녀까지 무료 입장'이 아니다. '가족 누구든 유플러스면' 혜택을 받을 수 있다는 것이다. 이 가족의 범주에 직계 가족을 넘어 고모, 삼촌, 이모까지 모두 포함된다. 꼭 부모, 자녀끼리만 테마파크에 놀러 가지 않는다는 점, 부모만 아이에게 돈과 시간을 쓰는 것이 아니라는 점을 잘 포착한 상품이다.

최근 호텔 업계도 키즈 패키지, '키캉스' 상품들을 우후죽순 쏟아내고 있다. '브레드 이발소', '핑크퐁 아기상어', '포켓몬', '티니핑' 등 주로 어린이들이 좋아하는 캐릭터를 활용한 키즈 전용 룸이나 키즈 존이 대표적인 예다. 키즈 전용 룸의 경우 일반 룸에 비해 가격이 비싼 편이지만 예약은 빠르게 마감된다. 어린이 전용 프로그램을 운영해 부모에게 잠깐이나마 휴식 시간을 제공하기도 한다.

온종일 단독으로 대관할 수 있는 대관형 키즈 카페와 파티 룸도 성행 중이다. 내부에 미니 수영장이 있는 형태가 많고 가족끼리 혹은 여러 가족이 모여 사용할 수 있다. 한눈에 아이들이 뭘 하는지 파악할 수 있는 규모라 부모는 테이블에 앉아 쉬거나 커피와 간식 등을 즐기며 지켜볼 수 있다는 장점이 있다. 또 인테리어가 감성적이고 아기자기한 곳들이 많아 SNS에 사진과 영상을 남기기도 좋다. 도심 외곽에 위치한 곳은 실내뿐만 아니라 잔디밭, 흙 놀이터 등 다양한 공간을 마련해둬 아이들은 취향대로 선택해서 놀고 어른들은 바비큐 파티를 즐기며 함께 소풍 기분을 낼 수 있는 곳이 많다. 아이와 부모의 니즈를 함께 충족하는 것이다.

최근 유행하고 있는 키즈 룸과 수
영장_문송이

밀레니얼세대 부모는 자신의 라이프스타일을 자녀에게도 투영
하고 육아에 반영하려는 니즈가 크다. 과거에는 아이에게만 투자
하고 아이를 위해 희생하는 부모가 일반적이었다면 밀레니얼세대
부모는 자신의 라이프스타일을 포기하지 않는다. 결혼하기 전부터
다양한 경험을 즐기고 취향을 적극적으로 확장하던 속성이 육아에
도 그대로 전이돼 아이들과 함께 시간을 보내면서도 새로운 경험
을 하고 싶어 한다. 가족을 타깃으로 한 상품이나 서비스를 개발할
때는 아이에게 눈높이를 맞추면서도 부모의 니즈를 잘 충족시키는
것이 중요하다. 이때 부모로서가 아닌 한 개인으로서의 니즈도 얼
마나 잘 충족시켜주느냐가 성패를 가를 수 있다.

밀레니얼세대 부모의 또 다른 차별점은 바로 아빠의 역할이다. 밀레니얼세대 아빠는 가족의 생계를 책임지는 것 외에도 자녀와 유대감을 가지는 것을 중요하게 생각하고 육아에 적극적으로 참여한다. 실제 육아 휴직 통계를 보면 2022년 전체 육아 휴직자 13만 명 중 남성의 비율이 약 30%에 달한다.[20]

밀레니얼세대 아빠는 육아 콘텐츠를 만들거나 육아 모임을 하는 데도 적극적이다. 썬데이 파더스 클럽은 '매주 일요일, 옆집 아빠가 보내는 육아일기'라는 콘셉트의 뉴스레터다. 다섯 아빠들이 번갈아가며 육아일기를 써서 보낸다. 2022년 2월에 보낸 첫 번째 뉴스레터를 보면 영상과 사진 외에 촬영하는 순간의 마음과 생각을 남기고 싶었다는 취지와 함께 육아일기만 쓰고 육아는 하지 않는 아빠가 되지 않겠다는 다짐이 담겨 있다. 론칭 후 7주 만에 구독자 900명 돌파, 평균 오픈율 70%를 기록하며 인기를 끌었고, 2023년 뉴스레터를 모아 책으로 출간했다.

'육아 커뮤니티' 하면 보통 '맘 카페'를 가장 먼저 떠올리지만, 요즘은 엄마, 아빠 모두 가입 가능한 커뮤니티도 많다. 카카오톡 오픈 채팅방에 육아를 검색하면 '#육아맘', '#육아대디' 해시태그가 나란히 붙어 있는 방을 쉽게 찾을 수 있다. 심지어 아빠들만 입장할 수 있는 모임도 있다.

이는 엄마의 영역이라 여겼던 육아에 아빠가 주요 의사결정자로 들어오게 됐다는 것을 의미한다. 육아를 더 편하게 해주는 '육아템'을 살 때도, 자녀의 미래를 결정하는 교육 방식이나 기관을 선택할 때도 이제 아빠의 입김이 작용한다. 실제로 유튜브, 인스타

① 아빠들이 일요일마다 보낸 육아일기 뉴스레터를 엮은 《썬데이 파더스 클럽》
② 카카오톡 오픈채팅 육아대디 소통방_카카오톡

그럼, 블로그에 '아빠 육아템'을 검색하면 '아빠가 추천하는 육아 필수 가전제품 BEST3', '돌 전까지 아빠 삶의 질을 올려주는 육아 필수템', '18개월 차 아빠가 쓴 육아템 후기', '아빠가 사는 육아템' 같은 게시물을 쉽게 찾아볼 수 있다.

그중 유튜버 '귀곰'의 〈구원받으라! 돌 전까지 아빠 삶의 질을 올려주는 육아 필수템 BEST7(엄마 시청 주의)〉 영상을 보면 마지막 아이템으로 닌텐도 스위치가 등장한다. 아이가 잠들었는데 옆에 붙어 있어야 할 때 시간을 보내기 좋은 아이템으로 추천하며, '육아용품으로 접근해야 구매 가능성을 올릴 수 있다'라고 소개한다. 필수 육아템이라기보다 아빠의 사심이 가득 담긴 아이템으로, 유머로 슬

찍 끼워 넣은 장면처럼 보이지만 아빠의 진심이 담긴 장면이기도 해 공감 댓글이 많이 달렸다. 이렇게 아빠의 시선에서 접근한다면 상품·서비스 기획이나 마케팅에서 색다른 시도를 할 수 있을 것이다.

일례로 앞서 언급한 썬데이 파더스 클럽 뉴스레터 74편에는 '양육자 보험'에 관한 이야기가 나온다. 퇴근 후 아이와 미용실을 가는 길에 가벼운 차 사고가 나 예약 시간에 늦은 에피소드를 소개하며 양육자에게 긴급한 상황이 생겼을 때 양육 공백을 메워주는 보험이 있으면 좋겠다고 한다. 사고가 났을 때 하원을 비롯한 각종 돌봄을 대신해주는 보험, 야근이 불가피한 날 아이의 저녁 시간을 책임져주는 보험, 엄마나 아빠 둘 중 한 명이 아플 때 아픈 양육자뿐만 아니라 혼자 돌봄을 해야 하는 배우자를 위한 혜택을 주는 보험 등 다양한 아이디어를 나열한다.

이처럼 단순히 육아용품이나 육아와 관련된 서비스 외에도 양육에 관여하는 사람들의 시선에서 바라보면 새로운 니즈가 보인다. 할머니, 할아버지, 고모, 삼촌, 이모까지 다양한 가족 구성원의 욕구를 담음으로써 이들을 정서적으로 더 단단하게 연결할 상품이나 서비스라면 좋을 것이다.

사회 제도와 정책적 측면에서도 마찬가지다. 가족이라는 공동체의 역할과 의미가 달라진 만큼, 앞으로의 시대에 걸맞은 새로운 시각으로 가족의 정의와 범위를 고민할 필요가 있다.

CHAPTER 20

기업의 변화

기업이 뛰어난 역량을 가진 인재를 찾는 것은 예나 지금이나 마찬 가지다. 그런데 이 뛰어난 역량이 무엇인지, 어떤 기준으로 이를 판 단할지는 시대에 따라 다르다. 앞서 학교의 변화에서 언급했듯이 앞으로 필요한 역량은 지식의 양과 수준보다 여러 가지 경험을 연 결하는 능력이 될 것이다.

그런데 이런 능력을 가진 인재들이 기업에 취업하고 싶어 할지가 관건이다. 고용 시장의 헤게모니를 기업이 아닌 청년이 가질 날이 머지않았기 때문이다. 알파세대가 취업준비생이 되려면 최소 10년 은 걸릴 것처럼 보이지만 알파세대는 이미 10대 때부터 생산 주체 로 활동하는 세대다. 기업이 고용주로서 근본적인 고민을 바로 시 작해야 하는 이유다.

챗GPT가 자소서를 쓰는 시대

'기아 채용'이라는 유튜브 계정에 〈대기업 인사담당자는 챗GPT가 쓴 자소서를 알아볼까?〉라는 콘텐츠가 올라왔다. 인사담당자에게 자기소개서 항목 3개에 사람이 쓴 답변과 챗GPT가 쓴 답변을 제시하고 어느 것을 사람이 썼는지 맞추는 미션을 줬다. 결과는 2승 1패였다. 인사담당자는 '챗GPT가 이 정도까지 잘 썼다면, 이제 자소서는 없어져야 한다'라는 농담 아닌 농담을 소감으로 남겼다.

대학내일20대연구소가 2023년 7월 발행한 〈2023년 주목해야 할 취업 트렌드〉 보고서를 보면 실제로 취업준비생들이 기업에 지원할 때 챗GPT를 활발하게 이용하고 있다는 조사 결과가 나온다. 어떤 방식으로 이용하느냐는 질문에 '자기소개서 표현 검토 및 첨삭(35.0%)'과 '자기소개서 작성(34.2%)'이라는 답변이 가장 많았으니, 영상 속 에피소드는 눈앞에 닥친 현실이라고 할 수 있다. 이미 기업들도 어떻게 하면 자소서의 내용을 좀 더 촘촘히 검증할 수 있을지 혹은 서류 전형의 절차와 과정을 아예 새롭게 바꿔야 할지 고민하고 있을지도 모르겠다.

여기서 잠깐, 2023년 2분기 출생률이 0.7명이었다는 사실을 떠올려보자. 청년인구가 계속 줄어든다면 앞으로 고용 시장의 주도권은 청년이 쥐게 될지도 모른다. 서류, 시험, 인적성 검사, 1차 면접, 2차 면접 등 엄격한 과정을 거쳐 인재를 선발하는 게 아니라 인재가 스스로 기업을 선택하고 고르는 날이 올 수 있다. 높은 스펙을 가진 지원자들이 넘치고 가장 유능한 인재를 선택할 수 있는, 기업 입장에서 풍요의 시대가 끝나고 있다는 뜻이다. 이런 상황에서 자기소개서를 챗GPT로 썼는지 안 썼는지 검증하려는 시도가 무의미하지 않을지 의문이 들기도 한다. 확실한 것은 기존의 잣대로는 유능한 인재를 찾아내거나 채용하기 어려울 것이라는 사실이다.

취업준비생들은 취업을 어떻게 준비하고 있을까? 대학내일20대연구소는 매년 5월 전국 취준생 1000명을 대상으로 취업에 대한 인식과 취업 준비 행태를 조사한 결과를 데이터로 발간한다. 2023년 조사[21]에서는 '취업을 위해 현재 준비 중인 스펙'으로 '전공 지식 및 학점 관리'가 48.6%로 1위, 이어서 '공인 인증 영어 성적 보유'가 42.1%로 2위를 차지했다. 거의 매년 이 두 항목이 엎치락뒤치락 상위 2위에 오른다. 이번 조사에서 눈에 띄는 점은 '공인 인증 영어 성적 보유'라고 응답한 비율이 전년 대비 10.7%p나 감소했다는 사실이다. 전공을 불문하고 전반적으로 비율이 감소했는데, 다른 계열에 비해 상대적으로 영어 성적에 신경을 많이 쓰던 인문 계열에서 19%p가 떨어진 점은 매우 놀랍다.

결과가 이렇게 나온 원인은 무엇일까? 대학내일 내부 트렌드 워크숍에서 여러 추측이 이어졌다. 대표적인 영어 공인 인증 시험이었던 토익의 유효기간이 2년에서 5년으로 늘어났다는 점, 앞으로 AI의 통번역 기술이 더 좋아질 것이라 어학 능력의 중요도가 떨어질 수 있다는 점 등이 눈에 띈다. 또한 과거에는 '어학 점수는 고고익선'이라고 여기는 분위기였지만 지금은 기업이 요구하는 최소 요건 정도면 충분하다고 생각하는 분위기로 바뀌었다는 점, 과거에는 토익과 오픽 등 여러 시험을 준비했지만 최근에는 한 가지 정도만 준비하는 분위기가 됐다는 점 등 다양한 추측이 나왔다. 하지만 가장 많은 공감을 샀던 의견은 '개인의 포트폴리오가 될 수 있는 프로젝트 경험에 더 신경을 쓴다'였다. 여기서 프로젝트란 스마트 스토어를 열어 제품을 판매한 경험, 브랜드를 만들어 론칭한 경험 등을 말한다. 앞서 학교의 변화에서 다뤘던 것처럼 학력, 자격증, 성적 등으로 대변되는 지식의 수준보다 다양한 경험이 개인에게 더 큰 경쟁력이 된다고 여기는 것이다. 최근 대학교들이 취업지원팀의 명칭을 '취창업지원팀', '취창업지원센터'로 바꾸는 경우가 늘고 있는 것, 뒤에서 소개할 덕성여자대학교의 '크리에이터스 룸' 사례 등은 이런 인식 변화를 반영한 결과라고 할 수 있다.

고용의 패러다임 변화를 고민해야 할 때

경험 포트폴리오에 신경을 쓴다는 것은 시험 성적보다 실무 경험이 취업에 도움이 된다고 생각한다는 증거이기도 하지만, 한편으로 취업하지 않을 가능성을 열어놓고 있다는 의미이기도 하다. Z세대에게 N잡이 '뉴노멀New normal'이 될 것이란 이야기는 몇 년 전부터 수없이 나왔다. 트라이브십을 중심으로 움직이는 알파세대는 그 경향성이 더욱 강화될 것이다. 10대 때부터 재테크를 배우고 창업에 도전하는 알파세대는 기존 세대처럼 한 직장에만 소속되려 하지 않을 수 있다. 지금 기업은 자주 이직하는 MZ세대 때문에 고민하지만, 5년 뒤, 10년 뒤에는 정직원으로 근무하지 않으려는 잘 파세대 때문에 고민할지도 모른다는 의미다.

좋은 인재를 어떻게 뽑아야 할지에 관한 고민을 넘어 좋은 역량을 어떻게 다양한 노동 형태로 연결할 수 있을지에 관한 고민을 함께 시작해야 할 시점이 아닐까? 기업의 모든 조직이 똑같은 조직 문화와 업무 문화를 갖도록 애쓰는 대신, 기업이 추구하는 공통적인 가치와 원칙을 최소화하고 심플한 대전제하에 지사나 본부 단위 소규모 조직에 최대한의 자율성을 주는 방식을 시도하면 어떨까? 현실적인 문제, 산업군이나 직무별 특성, 현재 조직문화와의 적합성 등 여러 가지를 함께 검토해야 할 테지만, 트라이브십 시대를 맞이하고 있는 지금은 기업 내 트라이브 단위를 도입할 방법을 고민해볼 시점이다.

INSIGHT 2.

여기서만
볼 수 있는
Z세대 캠퍼스 모습

엔데믹 이후
일상과 변화가
공존하는 Z세대 캠퍼스

'캠퍼스' 하면 무엇이 생각날까? 잔디밭에서 놀기, 동기들과 함께 MT 가기 등 다양한 오프라인 활동을 즐기는 문화가 먼저 떠오를지도 모른다. 그러나 '코로나 학번'에게는 온라인 문화가 더 친숙할지도 모른다. 이들은 우리가 흔히 떠올리는 캠퍼스 생활을 즐기지는 못했지만 우리가 경험하지 못한 온라인 속 캠퍼스를 다닌 첫 학번이다. 스스로를 '미개봉 중고'라고 부르던 코로나 학번이 벌써 고학년 선배가 됐고, 온라인 캠퍼스 생활도 일상이 됐다. 한편 엔데믹 이후 점차 과거 캠퍼스 문화가 회복되면서 다양한 캠퍼스 활동을 새롭게 즐기기 시작했다. 이처럼 지금의 Z세대 캠퍼스에는 일상과 변화가 공존하고 있다. 미개봉 중고가 아닌, 새로운 시대에 개봉된 대학생들이 만들어가는 Z세대 캠퍼스의 모습을 자세히 들여다보자.

CHAPTER 21

온라인이 일상이 된 캠퍼스

디지털 기술의 발전에 따라 우리의 일상은 시시각각 빠르게 변화하고 있다. 특히 팬데믹을 계기로 디지털 전환이 더욱 가속화됐는데, Z세대는 디지털 네이티브답게 이를 빠르게 받아들이고 실생활에 능숙하게 활용한다.

Z세대가 오랜 시간을 보내는 캠퍼스에서도 이런 변화가 일어나고 있다. 코로나19 시대 비대면으로 이뤄진 대학 생활 동안 활용했던 다양한 온라인 툴을 엔데믹 이후에도 계속 사용하며 더 효율적이고 편리한 대학 생활을 즐기고 있다. 이제 Z세대 대학생에게는 오프라인 활동만큼 온라인 활동 역시 캠퍼스에서 중요하고 필수적인 요소가 됐다.

툴 활용 만렙

Z세대의 온라인 툴 활용 능력은 대학교 팀 프로젝트에서 잘 드러난다. 코로나19 이전에는 팀 프로젝트가 대부분 오프라인에서 이뤄졌지만, 요즘은 온라인 툴을 적극적으로 활용해 효율적이고 합리적으로 프로젝트를 진행하고 있다.

한번쯤 모임이나 회의 일정을 조율하는 데 어려움을 겪어봤을 것이다. 그러나 '웬투밋'을 이용하면 이런 문제를 간편하게 해결할 수 있다. 먼저 한 명이 웬투밋에 접속해 모임 날짜와 시간 범위를 설정하고 이벤트를 생성한다. 그 후 해당 URL을 팀원들에게 공유한다. 그럼 각자 자신의 이름을 입력하고 참석 가능한 날짜와 시간대를 선택한다. 모든 팀원이 선택을 완료하면 종합 시간표가 생성되고 가장 많은 인원이 참석할 수 있는 일정이 언제인지 확인할 수 있다. 이와 더불어 시간대별로 참석자와 불참자의 이름을 확인할 수 있어 인원 구성에도 큰 도움이 된다.

모임 일정이 정해졌다면 줌이나 구글 미트 같은 화상 회의 플랫폼으로 비대면 회의를 진행한다. 이는 카카오톡처럼 간편하면서도 대면 회의처럼 원활한 소통을 가능하게 해줘, 팀 프로젝트를 시작할 때 각자의 역할과 앞으로의 방향성을 정하는 데 유용하다. 구글 미트는 일대일 화상 회의의 제한 시간이 최대 24시간으로, 구글 미트 스터디를 의미하는 '밑터디'라는 말이 생길 정도로 대학생이 애용하는 비대면 화상 플랫폼이다.

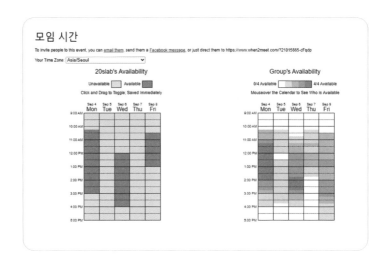

본인의 시간표와 종합 시간표를 볼 수 있는 페이지로 초록색이 진할수록 참여 가능한 인원이 많다는 것을 의미함 _웬투밋

리포트나 PPT 등을 함께 작성할 때는 공동 작업 서비스를 지원하는 툴을 활용한다. '구글 독스'를 주로 사용하는데, 문서를 구글 독스에 업로드하고 해당 링크를 공유해 팀원을 편집자로 쉽게 추가할 수 있고 실시간 동시 수정도 가능하다. 수정 기록을 확인할 수 있어 다른 사람이 어떤 작업을 진행했는지 파악할 수도 있다.

미리캔버스도 비슷한 공유 기능을 제공한다. 미리캔버스는 5만 개 이상 무료 템플릿을 제공하는 디자인 플랫폼으로, PPT나 카드뉴스를 제작할 때 많이 활용한다. 사용자 초대 기능을 이용하면 자신의 작업물 전체를 다른 사람과 함께 편집하고 관리할 수 있다. 유료 사용자는 피드백 기능으로 작업물에 댓글로 피드백을 남길 수 있다.

이렇게 Z세대 대학생들은 팀 프로젝트의 초기 단계에서는 비대

동아리 지원자 현황_동들

면 소통으로 기본 구조를 잡아 초안을 준비하고, 아이디어 회의나 완성 단계에서는 대면해 최종 과제물을 완성하곤 한다. 다양한 온라인 툴을 기본적으로 활용하면서 적절한 시기에는 오프라인으로 만나 팀원들과 소통한다.

대학 동아리에서도 온라인 툴을 적극적으로 활용하고 있다. 요즘 동아리 홍보 포스터를 보면 QR코드가 기본적으로 들어가 있다. QR코드를 스캔하면 지원서를 작성하는 구글 폼, 활동을 소개하는 노션 페이지, 일대일 문의 카카오톡 오픈채팅방, 공식 인스타그램 채널 등 다양한 온라인 페이지로 쉽게 이동할 수 있다. 특히 노션은 모집 안내부터 활동 보고, 자료 아카이빙까지 편리하게 관리할 수 있어 동아리 운영에 필수 온라인 툴이 됐다.

이렇게 대학생들이 동아리를 운영할 때 온라인 툴을 활용하면서 동아리 관리 전문 플랫폼도 등장했다. 동들이라는 온라인 플랫폼에서는 동아리원 모집부터 관리, 홍보까지 한 번에 할 수 있다. 동아리 성격에 맞춰 선별된 질문으로 지원서 양식을 간단하게 생성할 수 있고, 지원자들의 정보를 한눈에 확인할 수 있다. 문자 발송 시스템을 이용해 지원자들에게 합격 여부를 알릴 수도 있다. 추후 동아리 회원 및 일정 관리 서비스도 제공할 예정이라고 한다. 이처럼 앞으로도 온라인 툴 활용이 필수가 된 대학생들을 위해 대학 생활과 밀접한 온라인 서비스들이 많이 등장할 것으로 예상된다.

온라인에서 만난 대학 동기, AI

올해 가장 큰 화제를 꼽으라면 '생성형 AI의 일상화'를 들 수 있을 것이다. 대화형 인공지능 서비스인 챗GPT를 필두로 인공지능 검색 엔진 '뉴 빙', 이미지를 생성하는 '달리2' 등 다양한 분야에 적용할 수 있는 AI 서비스가 점차 늘어나고 있다. 그리고 대학생들은 온라인으로 전환된 대학 생활과 함께 자연스럽게 터득한 툴 활용 역량으로 누구보다 빠르게 AI 서비스를 받아들이고 일상에 적용했다.

어떤 일을 할 때는 보통 초기 단계에 시간이 가장 많이 소요된다. 이는 대학 과제에서도 마찬가지인데 이때 대학생들은 챗GPT를 활용한다. 챗GPT와 대화를 나누며 아이디어를 얻거나 방향성을 설정하는 데 도움을 받는다. 예를 들어 보고서를 작성할 때 챗GPT에게 주제를 알려주고 목차를 추천해달라고 요청한다. 그리고 그중 적합한 것에 맞춰 보고서를 작성한다. 챗GPT는 자료 조사에도 유용하다. 광범위한 자료를 조사할 때는 먼저 챗GPT에게 질문하고, 그 답변을 바탕으로 자세하게 검색해 시간을 단축한다.

학과 특성별로 챗GPT를 다양하게 활용할 수도 있다. 마케팅 전략을 기획하는 과제를 할 때는 어떤 고객 페르소나를 설정하면 좋을지, 카드 뉴스를 만들 때 각 페이지에 어떤 내용을 넣는 게 적합할지 조언을 구한다. 이공계도 마찬가지다. 과거에는 코드를 작성하다 오류가 발생하면 보통 구글에 검색했지만, 챗GPT에 상황과 조건을 입력하면 오류 원인을 빨리 찾아낼 수 있어 급할 때 이 방법을 활용한다. 이 외에도 프로젝트 팀의 이름을 결정할 때같이 소소한 부분까지 챗GPT를 적극적으로 활용하고 있다.

아예 교수가 먼저 챗GPT를 활용한 과제를 내주는 경우도 쉽게 찾아볼 수 있다. 글 작성 과제를 내며 언제 챗GPT를 사용하는 것이 유익한지, 주의해야 할 점은 무엇인지 등 활용 방법을 가르쳐준다. 더 나아가 과제 수행 시 챗GPT를 활용할 것을 명시하는 교수도 있다. 물론 표절 같은 부정행위도 중요한 문제다. 하지만 요즘 대학교는 이런 상황에서 AI 활용을 제한하기보다 올바른 AI 활용 역량을 길러주려고 한다.

취업 준비 단계에서도 AI를 활용하기 시작했다. 대학내일20대연구소에서 대학생에게 AI 프로그램을 활용해 취업을 준비한 경험이 있는지 조사한 결과, 절반 이상(56.5%)이 경험이 있다고 답했다.[22] 이들은 주로 자기소개서 검토 및 작성, 최신 트렌드나 시사 정보 요약 등에 AI를 사용하며, 문서 작성 시간이 단축된다는 점을 가장 긍정적으로 평가했다. 또 뉴 빙, '바드', 챗GPT 같은 정보 탐색에 특화된 AI 서비스를 활용해 기업 정보 수집과 분석에 드는 시간을 크게 줄이기도 한다.

면접 준비 과정에도 마찬가지다. AI에 지원하는 회사의 특징과 자기소개서를 입력하면 예상 면접 질문과 적절한 모의 답변까지 확인할 수 있다.

이런 흐름에 부응해 취업 준비 및 커리어 관리를 목적으로 한 플랫폼도 등장하고 있다. 커리어월렛이 그 예로, 개인의 직무 성향과 커리어 데이터를 기반으로 기업 채용 정보를 매칭해주는 플랫폼이다. 이 플랫폼에서 AI 자기소개서 서비스의 60개 문항에 응답하면 성격 유형, 직무 성향, 강점 역량, 잘 맞는 동료 유형 등 자기소개서 작성에 필요한 맞춤형 정보를 받을 수 있다. Z세대는 이를 바탕으로 입사 지원 전에 본인의 직무 성향을 확인하기도 한다.

"최근 커리어월렛이라는 사이트에서 AI 자기소개서 기능을 사용했어요. 지원 전 저에게 더 잘 맞는 성향이 무엇인지 확인하고 나를 정의할 수 있어서 좋았어요." _제트워크 시즌10 참여자 뮤(E1008)

AI 플랫폼 뤼튼에는 자기소개서 초안 작성을 도와주는 툴이 있다. 대외활동이나 인턴 경험 같은 정보를 입력하면 해당 내용들을

취업 준비 과정에서 AI 활용법

이용 목적	기업 정보 수집	직무 성향 발굴	자기소개서 초안 작성 및 검토	면접 모의 답변 준비
주요 이용 프로그램	빙 바드 챗GPT	커리어윌렛	뤼튼	빙 바드 챗GPT
주요 특징	• 많은 기업 정보를 요약해 수집할 때 활용 • 특정 제품이나 서비스의 특장점, 출시일 등의 정보를 대략 파악해야 할 때 활용	• MBTI 유사 문항에 응답하면 성격과 강점, 직무 성향을 자기소개서 형태로 제공 • 입사 지원 전 자신의 직무 성향을 되돌아보고 판단하는 용도로 활용	• 자기소개서 초안을 작성할 때 활용 • 오타, 맞춤법을 수정하고 완성도 있는 문장을 만들며 답변의 질을 높임 • AI 사용 후 직접 수정해 최종 제출	• 자기소개서 내용을 요약해 면접을 준비할 때 활용 • 지원 회사의 예상 면접 질문을 바탕으로 답변 준비

바탕으로 한 자기소개서 양식을 생성한다. 더 나아가 오타와 맞춤법까지 점검해 자기소개서의 완성도를 높이는 데 도움을 준다. 이렇게 대학생들은 다양한 AI 프로그램을 활용해 취업 준비 과정을 더 능률적이고 체계적으로 해내고 있다.

다방면으로 AI를 활용하는 Z세대 대학생들은 AI를 온라인 대학 생활을 함께하는 동기처럼 느낀다. 마치 동기에게 고민 상담을 하듯 학업과 취업, 사랑, 사회생활, 미래에 대한 걱정 등 대학에서 생기는 고민을 상담하고 걱정을 나눈다.

"챗GPT로 일상에서 대처하기 어려운 일에 관해 많이 물어봤어요. 예를 들어 알바 대타 요청을 거절하는 방법을 물어봤는데 꽤 도움이 되더라고요."
_제트워크 시즌10 참여자 하트(B1320)

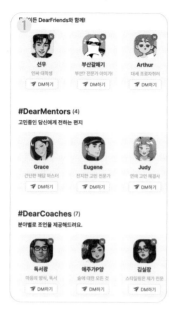

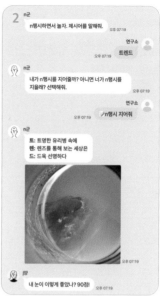

❶ 이야기를 나눌 수 있는 다양한 AI 챗봇_디어메이트
❷ AI 대표 서정시인 'n군'이 지어준 트렌드 삼행시_디어메이트

이렇게 Z세대는 친구처럼 조언을 듣고 감정적인 교류를 할 수 있
는 AI 서비스를 이용하기도 한다. 디어메이트는 AI 챗봇 플랫폼으
로, AI 챗봇과 고민 상담, 토론, 조언, 수다 등을 나눌 수 있다. 주목
할 만한 점은 AI 챗봇의 성격이 세분돼 있다는 것이다. 진지한 고민
전문가, 간단한 해답 마스터, 연애 고민 해결사 등 다양한 성격의 AI
챗봇에게 고민에 따른 맞춤형 조언을 들을 수 있다. 이 외에도 재미
있는 콘셉트가 많다. 그중 n군은 서정시인 콘셉트로, 키워드를 말
하면 n행시를 만들어준다. 친절한 여행 가이드 챗봇에게 여행 일정
을 계획해달라고 요청할 수도 있다.

CHAPTER 22

캠퍼스에서 관계를
맺는 방법

앞서 트라이브십에서 언급한 바와 같이, 개인적 지향성은 관계 형성의 핵심 요소가 됐다. 첫 만남에서 MBTI를 묻고 인스타그램 아이디를 교환해 상대방의 관심사를 파악하는 등 자신과 연결될 수 있는 지점을 찾는 것은 당연해졌다.

이런 경향은 캠퍼스에서도 나타난다. MBTI를 기반으로 서로 잘 맞는 동기를 매칭해주는 교류 행사를 진행하기도 하며, 카카오톡보다는 인스타그램 맞팔로우로 선후배 간 친분을 쌓는다. 이제 단순히 같은 대학에 속해 있다는 사실만으로 친밀감을 느끼고 공감대를 형성하기는 어려워졌다. Z세대 대학생들은 캠퍼스 내에서도 다양한 방식으로 자신과 코드가 맞는 관계를 맺고자 노력한다. 캠퍼스에서 관계를 맺는 방식 역시 변화하고 있다.

나와 코드가 맞는 학우 찾기

과거 캠퍼스에서 같은 취향, 관심사를 가진 학우를 만나려면 동아리나 학회에 가입해야 했다. 그러나 이는 단순히 공통의 취미나 관심사를 공유하는 것을 넘어 부가적인 활동들을 요구한다. 인간관계에서 나와 코드가 잘 맞는지를 중요하게 여기는 Z세대는 캠퍼스에서도 부담 없이 취향에 맞는 활동을 즐기는 일회성 모임을 찾기 시작했다.

"이번 주 일요일에 해운대에서 수건돌리기 할 사람?"이라는 제목의 글이 2023년 4월 경성대학교 커뮤니티에 게시됐다. 한 학생이 아무런 조건이나 제한 없이 수건돌리기를 하고 싶은 학우라면 누구든 참여할 수 있는 모임을 제안한 것이다. 이 게시글을 보고 모인 학생들은 해운대에서 1시간 동안 다양한 게임을 즐겼다. 앞으로도 게임 테마에 따라 원하면 누구든 참여할 수 있는 모임을 계속 가질 예정이라고 한다. 이 모임은 순수하게 원하는 활동만 즐길 수 있다는 점에서 큰 관심을 받았다. 이런 모임이 아직 많은 것은 아니지만 개개인의 코드를 중요시하는 가치관에 따라 캠퍼스 내의 모임과 동아리의 모습도 점차 변화한다는 것을 시사한다.

대학 커뮤니티에서는 주제별 게시판을 직접 개설해 코드가 맞는 학우와 소통하는 모습을 쉽게 찾아볼 수 있다. 아이돌, 야구, 게임, 뮤지컬 등 일반적인 관심사부터 MBTI까지 그 주제도 다양하다. 특히 MBTI 게시판에서는 MBTI와 관련된 이야기를 나누며 공감대

세종대학교 이상형 컴파일러: 소융
대 AI 추천 소개팅 안내_인스타그램
sejongsc

를 형성하고 실제로 자신과 잘 맞는 MBTI를 가진 학우들과 모임을 갖기도 한다. 관심사를 공유하는 것에서 더 나아가 잘 맞는 학우와 만날 기회를 주도적으로 만든 것이다.

이런 기회는 대학교의 제일 큰 행사인 축제에서도 만나볼 수 있다. 바로 학우들 간의 만남을 주선하는 매칭 부스다. 최근 대학 축제에 빠짐없이 등장하는 이 매칭 부스는 과거의 즉석 미팅 부스와는 성격이 다르다. 축제 시작 전 미리 참여를 원하는 학생들을 모집해 그들의 성향, 취향, 관심사 등을 분석한다. 그리고 이 정보를 바탕으로 코드가 잘 맞는 학생끼리 축제 당일 매칭시킨다.

국민대학교 대동제 국대그시절은 다른 과 친구를 만들 수 있는 편집시그널을, 한양대학교 봄축제 라치오스: 파랑은 나와 딱 맞는 친구나 예비 연인을 만날 수 있는 낭대시그널을 운영했다. 이처럼 2023년 대학 축제에서는 인기 연예 예능프로그램을 패러디한 부

❶ 소개팅 프로필 설정 페이지_클럽트웬티
❷ 파티 만들기 페이지_클럽트웬티

스가 많이 등장했다. 특히 냥대시그널 부스는 신청자에게 온라인으로 사전 신청 문항을 작성하게 해 라이프스타일과 연애 스타일을 분석하고 그에 맞는 학우를 매칭시켰다. 이때 상대방의 정보를 바로 알려주지 않고 인상착의만 제공해 상대방을 직접 찾아다니는 '자만추(자연스러운 만남을 추구)' 요소를 더하기도 했다.

AI를 활용한 매칭 부스도 등장했다. 2023년 세종대학교 축제 해피세종데이에서 소프트웨어융합대학 학생회는 이상형 컴파일러: 소융대 AI 추천 소개팅 부스를 운영했다. AI가 추천한 이상형과 일대일 대화를 나누는 콘셉트로, 상대방의 실루엣만 볼 수 있는 반투

명 가림막 뒤에서 미리 준비한 주제로 이야기한다. 학과 특성을 살리면서도 처음부터 나와 코드가 맞는 친구를 사귀고 싶다는 니즈를 반영한 부스로 큰 호응을 받았다.

대학생들의 관심사 기반 일회성 모임, 매칭 서비스에 대한 욕구를 한 번에 충족하는 플랫폼도 출시됐다. 클럽트웬티는 대학교 인증을 기반으로 한 대학생 커넥팅 클럽이다. 목적, 취향에 따라 네트워크를 쉽게 형성할 수 있다. 프로필 설정 시 '친구들 많이 사귀기', '대학 생활 만렙 되기', '그냥 해보기' 등 서비스 사용 목적을 선택하게 해 목적에 따라 다양한 대학생 친구들과 관계를 형성할 수 있다. 이 외에도 MBTI, 관심사, 취미, 플레이리스트를 프로필에 표기해 나와 코드가 맞는 친구를 더 쉽게 찾을 수 있다.

클럽트웬티는 소개팅과 미팅 외에도 다양한 만남 서비스를 제공한다. 파티 기능을 이용하면 시간과 장소가 맞는 친구들과 가볍게 만나는 일회성 모임을 즐길 수 있다. 파티를 여는 과정도 매우 간편하다. 장소와 날짜, 대표 사진, 간단한 소개만 작성해 파티 리스트에 등록하면 모임에 참여하고 싶은 대학생이 참가 요청을 보낸다. 그럼 채팅으로 코드가 일치하는 친구를 찾아 모임을 가지면 된다. 이와 같은 플랫폼을 활용함으로써 대학생들이 코드가 맞는 친구를 찾고 교류하기 훨씬 수월해졌다. 캠퍼스 내에서도 취향과 관심사를 중심으로 더욱 다채롭고 세분된 커뮤니티가 등장할 것으로 보인다.

CHAPTER 23.

캠퍼스 라이프의
모든 것이 포트폴리오

캠퍼스는 학업을 배우고 관계를 형성하는 장소일 뿐만 아니라 다양한 경험을 즐기는 공간이다. 엔데믹 이후 캠퍼스에서의 경험이 더욱 다양해지고 있다. 특히 대학 축제에서 이런 변화가 뚜렷하다.

요즘 대학 축제에서는 범퍼카, 디스코팡팡, 바이킹 등 대형 놀이 기구를 쉽게 찾아볼 수 있다. 여름에는 워터밤, 싸이 흠뻑쇼같이 물과 공연을 함께 즐길 수 있는 워터 페스티벌이 열리기도 한다. 외부에서만 즐길 수 있던 오프라인 이벤트를 이제 대학 축제에서 만날 수 있게 된 것이다.

이처럼 Z세대 대학생들은 캠퍼스의 다양한 콘텐츠를 적극적으로 즐기고 있다. 또 그 안에서 자신만의 목표를 가지고 이를 이루고자 한다. 캠퍼스에서의 경험을 일기장에 적어두기만 하는 것이 아니라 일관된 포트폴리오를 쌓아가는 것이다.

열정에 목표와 전문성을 더하다

학생회와 동아리는 학생들이 주도적으로 다양한 활동을 펼칠 수 있는 공간으로, 여기서는 Z세대 대학생들의 목표 지향적 태도를 더 잘 찾아볼 수 있다. 인스타그램이 대학생들의 주요 소통 채널이 되면서, 대학교 학생회와 동아리는 인스타그램 계정을 필수로 운영하게 됐다. 기존에는 공지 사항과 이벤트 소식을 카드 뉴스로 정리해 업로드하는 방식으로 소통했다면 지금은 인스타그램 스토리 필터와 릴스 등 다양한 형태의 디지털 콘텐츠를 직접 제작해 활동 소식을 전달한다. 학생회, 동아리의 활동 범위가 온라인까지 확장된 것을 기회로 삼아 무엇을 더 할 수 있을지 고민하고 실천하고 있다.

홍익대학교 디자인경영융합학부 학생회 하랑은 인스타그램 스토리 필터를 활용한 이벤트를 진행했다. 학생회에서 제작한 여섯 가지 상황별 필터로 일상 사진을 찍고 학생회 계정을 태그해 인스타그램 스토리에 올리는 이벤트다. 대학 생활을 인스타그램 스토리로 자주 올리는 Z세대 대학생들의 특성을 반영한 행사였다. 동아리에서도 동아리 특성을 반영한 인스타그램 스토리 필터를 활발하게 제작하고 있다. '지금 ○○ 동아리는 회식 중' 같은 필터를 활용해 동아리 활동을 기록하고 공유한다. 이렇게 인스타그램 스토리로 동아리 활동을 자연스럽게 알려 신입 부원을 모집할 때도 큰 도움을 받고 있다.

❶ 홍익대학교 디자인경영융합학부 학생회가 제작한 인스 타그램 스토리 필터 6종_인스타그램 hongik_dm
❷ 국민대학교 중앙풍물굿 동아리 울림패 인스타그램 스토 리 필터_김혜림

　세종대학교 온라인 홍보기자단 세온이 운영하는 인스타그램 계 정은 다양한 주제의 릴스 영상으로 가득하다. 교내 편의시설 이용 방법, 과잠 '룩북', 30초 캠퍼스 투어, 교내 카페 쿠키 비교 등 짧 은 릴스 영상으로 쉽고 빠르게 캠퍼스 정보를 얻을 수 있다. 정보 성 콘텐츠 외에도 유행하는 숏폼 콘텐츠를 패러디해 학우들에게 친근하게 다가가려는 노력도 엿볼 수 있다. 특히 피식대학의 〈데 일리코리안〉을 패러디한 〈데일리세종〉은 대학 문화를 재치 있게 표현해 조회수 33만 회를 기록하며 큰 호응을 얻었다.

　이처럼 대학생들은 교내 활동에 적극적으로 참여할 뿐만 아니라 자기만의 목표를 세우고 이루며 다양한 경험을 하고 있다. 이렇게 포트폴리오를 쌓아가는 학생들을 위해 대학교에서도 편의시설을

❶ 세종대학교 <편의시설 이용하기 - 암벽 등반장 편> 릴스_인스타그램 sejong_univ
❷ 세종대학교 <Daily Sejong Lesson.1 [출튀하실?]> 릴스_인스타그램 sejong_univ

제공하고 있다. 덕성여자대학교 도서관 플레이 엔 크리에이트에는
실시간 스트리밍 방송을 진행하고 유튜브 콘텐츠를 제작하는 시스
템을 갖춘 크리에이터스 룸이 있다. LED 조명, 링 라이트, 웹캠, 마
이크, 크로마키 배경 등 콘텐츠 제작에 필요한 모든 장비를 자유롭
게 사용할 수 있다. 트위치 1인 방송을 하거나 화장품 발색 컷을 촬
영하는 등 1인 크리에이터를 꿈꾸는 대학생들이 이곳을 많이 이용
하고 있다.

이렇게 학생들이 캠퍼스에서 자신의 능력과 재능을 발휘하며 다
양한 경험을 쌓아가면서 캠퍼스 활동에서 얻을 수 있는 결과물의

수준도 자연스럽게 향상됐다. 기업들 역시 이런 결과물을 눈여겨보고 대학생과 협업을 적극적으로 시도하고 있다.

공식 마스코트, 슬로건, 굿즈와 같은 대표 요소들은 이제 학교가 일방적으로 결정하지 않는다. 교내 공모전을 열어 학생들의 의견을 듣고 함께 만드는 것이 대학 문화로 자리 잡았다. 특히 굿즈의 경우 개인이 원하는 물품을 비공식적으로 자유롭게 제작할 수 있다. 직접 디자인한 비공식 굿즈는 SNS 채널이나 대학 커뮤니티에서 공동구매를 진행하고 축제 부스에서 판매하기도 한다. 2023년 이화여자대학교 축제 이웃제에서는 학생들이 직접 제작한 비공식 굿즈 중 행운을 소재로 한 티셔츠가 큰 인기를 얻어 축제가 끝난 후에도 추가 판매가 이뤄졌다. 이에 현대백화점 신촌점은 굿즈를 기획한 학생에게 직접 연락해 그해 7월 말 MZ세대와 컬래버레이션을 주제로 한 팝업 스토어를 입점시키기도 했다.

기업과 학생이 함께 교내 행사의 전 과정을 기획, 실행하기도 한다. 서울대학교에서는 2023년 SNUFESTIVAL: 리오, 더 오리

① 이화여자대학교 '충격행운실존' 비공식 티셔츠 굿즈_인스타그램 luck.is.alive
② 현대백화점 신촌점에서 진행된 충격행운실존 팝업 스토어_충격행운실존 팀

FRIENDS: BONDEE 봄 축제를 개최했다. 이는 서울대학교 축제 기획단 축제를 준비하는 사람들이 소셜 네트워크 앱 본디를 메인 스폰서로 해 준비한 오프라인 행사로, 연계 이벤트부터 굿즈까지 본디와 기획단이 함께 기획하고 진행했다. 특히 일반적인 기업 협찬 부스와 달리 기업이 축제에서 학생들에게 어떠한 경험을 제공할 수 있을지 기획단과 함께 고민하고 기획했다는 점에 주목할 만하다. 기업과 대학생이 동등한 관계로 협업해 공통의 결과물을 만들어낸 것이다. 그 결과 본디는 서울대학교 축제 중 일부가 아닌 축제와 하나가 돼 학생들에게 매력을 자연스럽게 어필할 수 있었다. 이처럼 대학생들은 기업과 협업할 기회를 통해 캠퍼스에서의 경험을 확장하며, 어디에서도 찾을 수 없는 그들만의 캠퍼스 포트폴리오를 만들어나가고 있다.

Z세대 대학생에게 캠퍼스는 일상의 많은 부분을 보내는 공간이

서울대학교 봄 축제 SNUFES
TIVAL: 리오, 더 오리 FRIEND
S: BONDEE 메인 광장_대학
내일(univ20.com)

서울대학교 봄 축제 SNUFEST
IVAL: 리오, 더 오리 FRIENDS:
BONDEE 본디 연계 굿즈_대학
내일(univ20.com)

자 성인이 된 후 첫 사회 활동의 시작점이라 할 수 있다. 이곳에서 학생들은 미래를 준비한다. 비록 코로나19로 꿈꿔온 대학 생활을 제대로 만끽하지 못했지만, 그만큼 그들만의 특별한 경험들을 갖게 됐다. 달라진 캠퍼스와 그 안에서 얻은 새로운 경험으로 성장한 Z세대의 모습에 주목한다면 앞으로의 사회를 이끌어갈 그들이 어떤 변화를 가져올지 엿볼 수 있을 것이다.

감사의 글

덕분에 무사히 책을
출간했습니다

매 순간 진심을 다해 세대 연구와 트렌드 연구에 여념 없었던 대학내일20대연구소 구성원들께 가장 먼저 고마움을 전합니다. 다양한 시각으로 흥미로운 인사이트를 보태준 대학내일ES 전략 인사이트 위원회와 트렌드 리딩 그룹에게도 감사의 말씀을 드립니다. 실시간으로 자신의 일상과 생각을 전해준 제트워크 시즌 8, 9, 10, 11 여러분은 언제나 저희 마음속 든든한 지원군이었습니다. 이 자리를 빌려 고마움을 전합니다. 이 책을 준비하는 1년 동안 물적, 심적 지원을 아끼지 않은 대학내일ES와 관계사의 모든 임직원분들께도 감사드립니다. 마지막으로 위즈덤하우스, 집필 과정에서 매 고비마다 혜안을 열어주신 점, 열렬한 응원으로 힘이 돼주신 점, 처음부터 끝까지 책의 탄생을 꼼꼼하게 책임져주신 점에 고개 숙여 깊은 감사의 말씀 올립니다.

사진 출처 ————————————————————————————

CHAPTER 2
- 22쪽. 카카오톡

CHAPTER 3
- 28쪽. 유튜브 찰스엔터
- 29쪽. 대학내일
- 31쪽. 틱톡 보힌 합작
- 34쪽. 주말랭이(https://onemoreweekend.co.kr/)

CHAPTER 4
- 45쪽. 인스타그램 uncommon_giftcenter
- 50쪽. 인스타그램 hotel_maker_checkin
- 52쪽-1. 인스타그램 gimbabzip
- 52쪽-2. 네이버 카페 김밥순례(https://cafe.naver.com/gimbaplover)

CHAPTER 5
- 58쪽. 머쉬룸 페이퍼 팜(https://mushroom-paper-farm.com/)
- 60쪽. 틱톡 valhalla0309

CHAPTER 6
- 65쪽. 유튜브 윤로또
- 66쪽. 틱톡 nanisayhi_
- 68쪽. 인스타그램 sakura_gii

CHAPTER 23

표 출처

CHAPTER 2

20쪽. Z세대의 주요 소통 수단이 된 인스타그램
- 최근 한 달 내 이용한 메신저 TOP5. 〈[데이터] 미디어·콘텐츠·플랫폼 (2023년 07월)〉, 대학내일20대연구소, 2023.07.28.

23쪽. 개인적 지향성과 맞닿은 커뮤니티를 찾는 Z세대
- 최근 한 달 내 카카오톡 오픈채팅 가입 경로. 〈[데이터] 미디어·콘텐츠·플랫폼 (2023년 07월)〉, 대학내일20대연구소, 2023.07.28.

CHAPTER 5

55쪽. 자기만의 개성을 추구하는 스몰 브랜드
- Z세대가 선호하는 스몰 브랜드. 제트워크 시즌10 참여자 대상 '알려주고 싶은 스몰 브랜드' 조사, 대학내일20대연구소, 2023.07.21.

CHAPTER 10

109쪽. Z세대와 채팅형 커뮤니티
- 최근 한 달 내 이용한 온라인 커뮤니티 유형, 세대별 오픈채팅 커뮤니티 이용률. 〈[데이터] 미디어·콘텐츠·플랫폼 (2023년 07월)〉, 대학내일20대연구소, 2023.07.28.

CHAPTER 11

114쪽. 커뮤니티 채널이 나뉘는 방법
- 커뮤니티 채널 분화 예시. 대학내일

CHAPTER 13

140쪽. 주 소비 콘텐츠로 자리 잡은 숏폼
- 연도별 최근 6개월 내 숏폼 플랫폼 이용률 비교, 연도별 Z세대 숏폼 콘텐츠 일 평균 시청시간 비교. 〈[데이터] 미디어·콘텐츠·플랫폼 (2023년 07월)〉, 대학내일20대연구소, 2023.07.28., 〈[데이터플러스] 미디어·콘텐츠·플랫폼(2022년 07월)〉, 대학내일20대연구소, 2022.07.26.

CHAPTER 17

186쪽. 2023년 최고의 핫 이슈, 챗GPT

• 교보문고 챗GPT 관련 도서 리스트. 교보문고 검색 결과

CHAPTER 18

198쪽. 학교를 그만둔 것을 후회하지 않는 경향

• 학교를 그만둔 것에 대한 후회 여부. 〈2021 학교 밖 청소년 실태조사〉, 여성가족부,
2022.05.17.

199쪽. 달라지는 자퇴의 목적

• 학교를 그만둔 이유 TOP8. 〈2021 학교 밖 청소년 실태조사〉, 여성가족부, 2022.05.17.

200쪽. 달라지는 학교의 의미

• 어떤 지원·내용이 있었다면 학교를 그만두지 않았을지. 〈2021 학교 밖 청소년 실태
조사〉, 여성가족부, 2022.05.17.

202쪽. 자녀의 선택을 지지하는 부모들

• 학교를 그만둘 때 부모의 지원. 〈2021 학교 밖 청소년 실태조사〉, 여성가족부,
2022.05.17.

CHAPTER 19

210쪽. 가족 간 정서적 교류를 더 중요하게 여기는 Z세대

• 가족의 의미를 유지하기 위해 필요한 조건 TOP5. 〈[데이터베이직] 관계·커뮤니케
이션 (2023년 06월)〉, 대학내일20대연구소, 2023.06.26.

214쪽. 달라지는 이웃의 의미

• 친구가 될 수 있다고 생각하는 대상으로 이웃을 꼽은 비율. 〈[데이터베이직] 관계·
커뮤니케이션(2023년 06월)〉, 대학내일20대연구소, 2023.06.26., 〈[데이터베이
직] 관계·커뮤니케이션(2022년 05월)〉, 대학내일20대연구소, 2022.05.25., 〈[데
이터베이직] 가치관·관계(2021년 06월)〉, 대학내일20대연구소, 2021.06.22. 〈[데
이터베이직] 가치관·관계(2020년 6월)〉, 대학내일20대연구소, 2020.06.24

CHAPTER 21

236쪽. AI 프로그램을 적극적으로 활용하는 Z세대 취업준비생

• 취업 준비 과정에서 AI 활용법. 〈[인사이트보고서] 2023년 주목해야 할 취업 트렌드〉, 대학내일20대연구소, 2023.07.28.

1. "2021 대한민국 파워 유튜버 100", 〈포브스 코리아〉, 2021.08.23.

2. 대학내일20대연구소에서 운영하는 Z세대 트렌드 커뮤니티 '제트워크' 기반 조사

3. 대기업 사표 쓰고 '김밥일주'…"3년 내 김밥 브랜드 만들 것", 〈경향신문〉, 2023.05.18.

4. MZ세대가 입는 옷, '국내 디자이너 브랜드?', 〈데일리팝〉, 2023.04.21.

5. 〈What's Next Trend Report 2023〉, TikTok, 2023.01.18.

6. KOBIS(영화진흥위원회 통합전산망)

7. "끝나지 않은 '슬램덩크' 영광의 시대…첫 단독관 열자 '오픈런'", 〈연합뉴스〉, 2023.06.14.

8. "핫플서 '팝업' 성지로…성수동이 달라졌다", 〈중앙일보〉, 2023.06.14.

9. "신당동 하면 떡볶이만 생각나는 사람 클릭 필수!", 〈오픈애즈 팝콘〉, 2023.07.25

10. "익선동 옆 '서순라길'이 종로3가 젊음의 비결[상권 리포트⑨]", 〈매거진 한경〉, 2023.05.16.

11. "놀이터 된 전통시장 찾는 MZ, 5년만에 10배 가까이 늘어났다", 〈BC카드 신금융연구소〉, 2023.06.07.

12. 전통시장 "MZ 세대를 잡아라", 〈G1 8시 뉴스〉, 2023.06.16.

13. "[위원 칼럼] 인구위기 극복 방안으로서의 지역 관광 활성화", 〈유네스코〉, 2023.06.28

14. "여행플랫폼 트리플, 현지 여행자만 접속가능한 '배낭톡' 출시", 〈연합뉴스〉, 2023.05.11.

15. "카카오톡 '오픈채팅', 카카오톡 3번째 탭에 신설.. 관심사 기반 플랫폼으로 강화", 카카오, 2023.05.17.

16. 〈[데이터플러스] 미디어·콘텐츠·플랫폼(2023년 7월)〉, 대학내일20대연구소, 2023.07.28.

17. "입학 조건이 학교 자퇴…SM, 사교육 1번지에 만든 학원 정체", 〈중앙일보〉, 2023.04.04

18. 〈2022 MZ세대의 가전·전자 제품 이용·구매 행태 및 인식 조사〉, 대학내일20대연

구소, 2022.05.31.

19. 〈SNS를 통해 스스로 이웃을 만드는 청년들〉, 서울연구원, 2022.12.30.

20. "작년 육아휴직 13만 명 돌파··· '워킹대디' 비율 30% 육박", 〈복지타임즈〉, 2023.01.26.

21. 〈[데이터] 취업(2023년 5월)〉, 대학내일20대연구소, 2023.05.30.

22. 〈[인사이트보고서] 2023년 주목해야 할 취업 트렌드〉, 대학내일20대연구소, 2023.07.28.

《Z세대 트렌드 2024》 집필진

원고를 직접 집필하거나 집필 과정에 참여하신 분들입니다.

- 이재흔 대학내일20대연구소 파트장 (집필책임)
- 호영성 대학내일20대연구소 소장
- 김혜리 대학내일20대연구소 파트장
- 송혜윤 대학내일20대연구소 수석연구원
- 박지원 대학내일20대연구소 매니저
- 문다정 대학내일20대연구소 연구원
- 황우람 대학내일20대연구소 연구원
- 신지연 대학내일20대연구소 책임연구원
- 장지성 대학내일20대연구소 책임연구원
- 김민경 대학내일20대연구소 연구원
- 함지윤 대학내일20대연구소 연구원
- 박수진 대학내일20대연구소 인턴
- 이은재 대학내일20대연구소 파트장
- 지승현 대학내일20대연구소 수석연구원
- 김다희 대학내일20대연구소 책임매니저
- 제혜정 대학내일20대연구소 책임연구원
- 손유빈 대학내일20대연구소 에디터
- 김유라 대학내일20대연구소 연구원
- 신효원 대학내일20대연구소 인턴
- 허수정 대학내일20대연구소 인턴

대학내일ES 전략 인사이트 위원회& 트렌드 리딩 그룹

Z세대 특성과 트렌드를 정리하는 파이널 워크숍에 참여해
다양하고 풍부한 시각을 더해주신 분들입니다.

권수인 경영기획팀 책임매니저 / 김경진 소셜캠페인2팀 선임매니저 / 김경하 인사이트플래닝팀 매니저 / 김민지 소셜캠페인4팀 선임매니저 / 김보름 인사이트플래닝팀 매니저 / 김소희 마케팅솔루션2본부 매니저 / 김연우 마케팅커뮤니케이션10팀 매니저 / 김주희 인사이트플래닝팀 매니저 / 김현진 인재성장팀 매니저 / 문진희 마케팅솔루션1본부 선임매니저 / 박종남 마케팅솔루션6본부 본부장 / 백소연 비즈니스팀 선임매니저 / 서재경 미디어콘텐츠제작1팀 파트장 / 송수진 마케팅커뮤니케이션10팀 선임매니저 / 신예지 캠페인팀 선임매니저 / 양상범 익스피리언스플래닝

4팀 팀장 / 유송빈 마케팅커뮤니케이션5팀 선임매니저 / 이승준 마케팅커뮤니케이션7팀 매니저 / 이윤경 인재성장팀 팀장 / 이찬복 소셜캠페인1팀 선임매니저 / 이혜인 인사이트플래닝팀 선임매니저 / 임윤정 캠페인팀 매니저 / 전단비 미디어센터 파트장 / 전민지 경영기획팀 책임매니저 / 정은우 인사이트전략본부 본부장 / 정지수 마케팅커뮤니케이션9팀 선임매니저 / 조은 컬처커뮤니케이션팀 매니저 / 조인천 마케팅커뮤니케이션1팀 책임팀장 / 조지은 마케팅커뮤니케이션1팀 파트장 / 홍승우 미디어센터 센터장 / 황정은 영업지원팀 팀장 / 황주랑 마케팅커뮤니케이션5팀 선임매니저

제트워크 시즌 8, 9, 10, 11

대학내일20대연구소에서 운영하는 제일 트렌디한 Z세대 커뮤니티 '제트워크'에 참여해 실시간으로 Z세대의 의견과 일상을 전달해주시는 서포터즈가 돼주신 분들입니다.

트라이브십, 개인적 지향성이 경쟁력이 되는 시대

Z세대 트렌드 2024

초판 1쇄 발행 2023년 10월 25일
초판 3쇄 발행 2023년 11월 25일

지은이 대학내일20대연구소
펴낸이 이승현

출판1 본부장 한수미
와이즈 팀장 장보라
편집 진송이
디자인 김태수

펴낸곳 ㈜위즈덤하우스 **출판등록** 2000년 5월 23일 제13-1071호
주소 서울특별시 마포구 양화로 19 합정오피스빌딩 17층
전화 02) 2179-5600 **홈페이지** www.wisdomhouse.co.kr

ⓒ 대학내일20대연구소, 2023

ISBN 979-11-6812-830-9 03320